对外开放战略研究丛书

中国地区差距与
对外开放战略

A STUDY ON THE REGIONAL DISPARITY

AND FOREIGN TRADE STRATEGY

梁 柱 著

社会科学文献出版社
SOCIAL SCIENCES ACADEMIC PRESS (CHINA)

经济全球化的不断深化使世界主要经济体都融入全球产业链，世界经济格局也由此悄然发生着变化。2008 年始发于美国的全球金融危机，对全球经济造成的冲击和震荡至今尚未消退，世界经济格局的演变愈发明显。以中国等"金砖国家"为代表的新兴发展中国家的崛起，正对以美国为首的西方发达国家主导的现有国际经济格局和秩序提出新的全面挑战。新兴发展中经济体占全球产值和贸易额的比重正在快速增长，已成为世界经济增长新的拉动力量。在国际经济协调舞台上，以 G20 为代表的多边协调机制发挥着越来越重要的作用。这是一次不同于以往的世界经济格局变动，它不再是西方发达国家之间内部力量的重新调整，而是新兴发展中经济体作为一个整体对于发达经济体的全面挑战，可能预示着世界经济格局的一个新纪元。

与此同时，我们仍需清醒地认识到，现有的国际经济运行的基本规则仍旧为美国等发达国家所主导，它们在全球产业链、国际贸易、国际金融和投资以及全球治理中的主导地位并未发生根本性的改变，量变还远未达到质变的阶段。况且，美国等国也在积极改变自身的对外经济战略以适应新的世界经济格局，试图维护自身的主导地位，使世界经济仍旧在其可控范围内运行。

因此，面对后金融危机时代世界经济格局的深刻变化，全球经济再平衡的新环境以及美国等国对外经济战略的调整，中国必须以一个开放的发展中大国的定位，深化国内经济体制改革的同时，制定新的对外经济战略才能应对新的挑战，使中国经济保持长期的稳定增长。新的对外经济开放战略要求我们统筹国内发展和对外开放，实现数量扩张向质量提升的转变，兼顾本国利益和互利共赢，它是一个包含了对外贸易、国际金融、国际投资、国际技术合作、区域经济合作和国际经济协调等多个方面的、开放的战略体系。

本人长期从事世界经济与中国对外开放问题的研究。早在 1978 年师从郭吴新教授攻读武汉大学世界经济硕士和博士学位时，就开始对中国与美国的经贸关系进行研究。1993 年，我的论文《重返关贸总协定对国内市场的影响》获安子介国际贸易研究优秀论文奖。1996 年，我主持了国家教委重点社科基金项目"世界贸易组织的建立、发展趋势与我国的对策"，最终成果由人民出版社出版，该成果获湖北省第三届社会科学优秀成果一等奖，是国内最早研究世界贸易组织问题的著作之一，为我国入世前后的对外开放战略提出了许多有价值的建议。此后，我先后完成国家社科基金重点项目和教育部首批跨世纪优秀人才基金项目"外商对华直接投资：经济影响、主要经验和对策"等课题，2004 年在人民出版社出版的《国际直接投资的新发展与外商在华直接投资研究》被教育部鉴定为优秀成果，该著作荣获教育部第四届高等学校优秀科研成果三等奖；论文《中美贸易逆差的"外资引致逆差"问题研究》荣获教育部第五届高等学校优秀科研成果二等奖。

近年来，我又主持了国家社科基金重大攻关项目"后金融危机时代中国参与全球经济再平衡的战略与路径研究"（11&ZD008）、国家社科基金重点项目"经济全球化背景下中国互利共赢对外经济开放战略研究"（07AJL016）和教育部社科重点研究基地重大项目"美国双赤字与世界经济失衡"（2007JJP790141）。8 年来，我和我领导的研究团队对新世纪世界经济的发展与中国对外开放战略进行了系统的深入研究，这套丛书是我们团队在该问题上的研究成果。

这套丛书从不同的角度和领域研究了新世纪以来中国对外开放的新战略，涉及对外贸易战略、金融开放战略、引进外资和对外投资战略、国际技术创新与合作战略、区域经济合作战略以及中国参与全球经济再平衡的战略与路径等内容，并根据研究结果提出了可行的政策建议。相信这套丛书的出版将对中国对外开放战略的研究工作产生积极的推动作用，对此有兴趣的学者、政策制定者和相关人士定能从中得到收获。

中国美国经济学会会长

中国世界经济学会副会长

中国亚太学会副会长

武汉大学世界经济研究所所长

陈继勇

2014 年 4 月于珞珈山

目 录
CONTENTS

改革开放以来，中国经济增长和对外贸易都取得了令人瞩目的成就，然而，在经济整体高速增长的过程中，国内各地区的差异尤其是东部沿海和中西部内陆地区间的差异却显著扩大。中国作为一个幅员辽阔的大国，国内各地区在地理条件、资源禀赋、历史文化和人文积淀等方面存在诸多差异。凭借对外贸易方面的地理优势、配套的优惠政策和较好的工业基础，东部沿海省市的工业化程度、贸易开放度高于内地，并积聚着大部分经济活动。

地理位置的优越性决定了一个地区在对外开放的过程中是否能占据先机。对外贸易和外商直接投资作为对外开放的两个重要方面，在中国各省区的经济发展过程中发挥了重要作用，并且两者相互影响，在某种程度上形成了正反馈效应。对外贸易和外商直接投资如何相互影响，对外开放影响地区差距的机制和原理，贸易开放相对程度的高低对各省区经济增长绩效的影响到底有多大，这些都是值得研究的问题。本书作为国家社科基金重大攻关项目《后金融危机时代中国参与全球经济再平衡的战略与路径研究》（11&ZD008）的阶段性成果，经过两年的时间，逐步完成了文献整理、理论综述、理论模型构建、实证检验、提炼结论等各阶段的任务，形成了本书的研究成果。本书主要从整理对外贸易、外商直接投资和地区差距的理论基础入手，总结归纳已有研究使用的理论模型和计量方法，针对中国的实际构建了相应的理论模型来解释中国的现实，并使用经验数据来检验我们的理论和想法，从而为我国在实行对外开放战略的过程中减小地区差距提出可行的政策建议。

作为本书的导言，这一部分主要说明本书研究的背景与意义，明确本书的研究目标，阐述本书研究的思路、分析框架以及研究方法，并对本书的主要创新进行介绍。

一　研究背景和意义

对外开放与地区差异显然有着密切的关系。国际贸易中的地理优势在地区差异的形成和演进过程中扮演着重要的角色。20 世纪 90 年代初期之前，中国的地区差距呈缩小的趋势，而 90 年代之后地区发展差异却逐渐扩大，与之相伴的是 1992 年邓小平同志南方谈话以后中国的加速对外开放。因此在贸易开放条件下，认识和把握对外贸易与地区差距的关系，对于统筹对外开放和国内发展、缩小地区差距具有重要的理论意义和实践意义。

首先，从理论意义来看，本书的研究能够深化对于对外贸易和地区差距问题的理解。以往有很多文献探讨对外贸易与中国地区差距的问题，这些文献分别从国际技术溢出、技术进步和要素积累等方面来考察该问题。如果我们进一步追问，为什么中国东中西部各省区之间对外贸易和经济绩效的表现差异如此巨大呢？或许我们会说是地理位置造成的。如图 1 所示，左图是各省 1979 年人均 GDP 与省会城市距离中国最大的 5 个港口最近距离的散点图，右图是 2010 年的散点图，为了更清楚地显示两者的关系，对 2010 年的两个变量分别取对数。从图中可以看出，1979 年的人均产出与地理位置并无直接的关系；而在 2010 年人均产出与地理位置呈现明显的负相关关系。这表明，地理位置并不是导致中国地区差距的直接原因[①]。

改革开放之后，在对外开放的背景下，中国积极地融入全球化过程中，各省区积极地从事对外贸易和吸收利用外商直接投资，对外贸易通过影响要素积累、技术创新、技术扩散和制度创新等渠道促进当地的经济增长，外商直接投资除了直接的资本效应之外，还通过竞争效应、学习模仿效应、产业间的前后向关联效应、人员培训和流动效应等溢出效应正向地

---

① 省会城市离港口的距离并不影响期初（1979 年）的经济绩效，而和后来特别是 1992 年之后各省人均 GDP 呈显著负相关关系。改革开放后各省区由于地理位置的差异，在对外贸易的过程中拉开了收入差距。因此，根据寻找工具变量的原则，各省会城市到港口的距离是各省区开放度的一个可行的工具变量。详细的说明将在第五章阐述。

促进当地的经济增长，并且对外贸易和外商直接投资在中国的表现是互相促进的：外商投资企业青睐中国丰富廉价的劳动力资源，将劳动力密集型的产品制造或生产工序迁移到中国，临海的优越地理位置、中央和地方政府的优惠政策（土地、税收优惠等）使得最初的外商直接投资落户于东部沿海地区，利用"三来一补"的模式从事对外贸易；后来者为了减小学习效应的成本以及受东部沿海地区较好的产业配套影响，外商直接投资逐渐积聚于东部沿海省区。因此，东部沿海地区在对外开放的背景下，凭借优越的地理位置和政策优惠，积极从事对外贸易和利用外商直接投资，在对外开放的过程中逐渐拉开了和内地中西部省份的差距。本书的研究不仅有助于深化对于贸易开放、增长和地区差距规律的认识，丰富中国特色的社会主义经济开放理论，而且有利于对区域发展理论做出一定的创新，为促进区域协调发展提供良好的理论支撑。

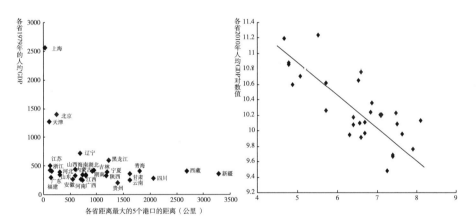

图1　各省人均 GDP 和省会城市距离中国最大的 5 个港口的最近距离
资料来源：《中国统计年鉴》和中国电子地图。

其次，从现实意义来看，地区差距对经济社会发展的负面影响已经成为各界共识，但如何有效地缩小地区差距却是一个现实难题。20 世纪 90 年代末以来"推进西部大开发""振兴东北地区等老工业基地""促进中部崛起"等战略相继实施，目的就是缩小地区差距、协调区域发展。在对外开放的背景下，关于对外贸易与地区差距的理论和经验分析，一方面能够对关于中国对外贸易到底是扩大还是缩小地区差距的争论给出解释和经验证据，另一方面本书将在理论分析的基础上，在坚持对外开放基本国策的前提下，有针对性地提出缩小地区差距、协调地区发展的政策建议。这将对促进我国合理利用外资，缩小地区差距，保持宏观经济可持续发展，推动和谐社会建设具有积极的现实意义。

二　文献综述

（一）对外贸易与经济增长的实证研究

关于贸易和增长关系的实证研究可以分为两大分支：一支是使用时间序列模型，关注贸易影响收入或增长的需求驱动角色；另一支是使用横截面或面板数据，考察贸易对产出或增长的影响是否来源于生产率和其他供给方面的因素。

国外学者关于对外贸易与经济增长的文献较多，我们对此进行梳理，将有代表性和有影响力的文献列于表1。

本书通过对有代表性实证研究文献的梳理，发现对外贸易与经济增长的实证研究文献有如下特点（见表1）。第一，横截面和面板实证研究多于时间序列，这种特点和计量方法本身的特质是相关的。针对某一个国家的时间序列研究只能发现关于这个国家的某种经济规律，而不能推广到大多数国家。并且，关于对外贸易与经济增长研究的时间序列如果过短，会面临数据量较少的缺陷；而时间序列太长，则可能会由于政策的变化导致时间序列发生结构突变。第二，20世纪80年代和90年代早期的研究只关注贸易和增长之间的非因果相关关系，随着计量经济学的发展，经济学家们开始关注贸易和增长之间的内生性，开始寻找工具变量探寻两者间的因果关系。第三，在关于贸易和增长的文献中，关于开放的度量和开放的代理变量的使用都是经济学家一直关注的问题，如Rodriguez和Rodrik（2000）在对一系列关于贸易政策与经济增长的文章评述后认为，大多数得到预期结论的文章要么来自模型误设，要么是对开放度使用了错误的代理变量，而这些代理变量往往是衡量其他政策或制度的变量。因此，很多学者和经济学家都在寻找度量贸易开放或贸易政策的指标，如Dollar（1992）、Edwards（1992）、Sachs和Warner（1995）、Harrison（1996）、Wacziarg（2001）、Squalli和Wilson（2011）等。

表1 对外贸易对生产率和经济增长影响的实证研究与结论

代表文献	观测样本	开放指标	研究方法	主要结论
Feder (1982) [1662]	31个半工业化国家，1964~1973年平均值	出口增长量，出口变化与GDP的比率	横截面，OLS	出口引致增长，存在从出口部门向非出口部门的正向外部性
Dollar (1992) [1824]	95个欠发达国家，1976~1985年平均值	出口价格扭曲和实际汇率波动的加权合成指数	横截面，OLS	贸易能够提高人均GDP增长率，实际汇率的扭曲与人均GDP增长率之间显著负相关
Edwards (1992) [720]	发达国家和发展中国家，不同样本集；1960~1982年平均值	对预测的贸易量的偏离；9个关于贸易取向的指标	横截面，OLS	贸易对增长具有显著的正相关关系；开放的经济体比贸易扭曲的经济体增长更快
Sachs和Warner (1995) [4056]	135个国家，子样本：117个、81个、79个、78个和33个国家；1970~1989年	虚拟变量——基于平均关税率、进口非关税率、是否实行计划经济体制、黑市交易费用、主要外贸企业中是否有国家垄断企业	横截面，OLS	贸易保护政策降低了整体增长率，贸易开放提高了投资率
Harrison (1996) [824]	17~51个国家1960~1987年，1978~1988年	关于贸易开放和贸易政策的7个代理变量	横截面和面板，Spearman秩相关，OLS，面板回归	一半的指标与经济增长显示出稳健的关系，时间段的选择对结果有影响；贸易和增长有双向因果关系
Edwards (1998) [1611]	93个发达国家和发展中国家，1960~1990年面板数据	贸易政策的9个指数	加权最小二乘法，(WLS)，IV-WLS	贸易开放国家会经历更快的生产率增长

续表

代表文献	观测样本	开放指标	研究方法	主要结论
Frankel 和 Romer（1999）[3201]	150 个国家，1985 年	根据引力模型预测得到的各国理论上的"开放度"	横截面，OLS，IV	贸易统计和经济显著地促进增长
O'Rourke（2000）[178]	10 个发达国家，1875～1914 年	平均关税率	条件和非条件收敛模型，面板估计	样本期内关税率和增长正相关，关税促进了 19 世纪后期的经济增长率
Easterly 和 Levine（2001）[1165]	73 个国家，1960～1995 年面板数据	进出口额与 GDP 的比率	动态面板 GMM	开放、黑市汇率升水与经济增长显著相关
Wacziarg（2001）[371]	57 个国家，1970～1989 年面板数据	贸易政策的 2 个指数	联立方程，3SLS，似无关回归（SUR）	开放对经济增长有正向影响
Irwin 和 Tervio（2002）[321]	1913 年，1928 年，1938 年，1954 年，1964 年，1975 年，1985 年，1990 年，依年份不同国家样本数目不同	根据引力模型预测得到的各国理论上的"开放度"	横截面 OLS，2SLS，IV	贸易对增长有正向影响
Vamvakidis（2002）[195]	历史数据，依时间点不同国家样本数目不同	贸易开放的 6 个代理变量	Spearman 秩相关，OLS	1870～1970 年贸易开放与增长没有相关关系，在两次世界大战期间和 1970～1990 年存在正相关关系
Dollar 和 Kraay（2003）[749]	20 世纪 70 年代、80 年代、90 年代，依年代不同国家样本数目不同	进出口额与 GDP 的比率	动态面板差分 GMM	贸易和制度在长期中都对经济增长有重要影响，而在短期内贸易的作用更大

代表文献	观测样本	开放指标	研究方法	主要结论
Alcala 和 Ciccone (2004) [488]	138 个国家, 横截面数据	以美元汇率调整的进出口值与经购买力平价调整的 GDP 的比率	OLS, 2SLS	贸易对生产率有显著且稳健的正向影响
Dollar 和 Kraay (2004) [611]	20 世纪 80 年代、90 年代, 约 100 个国家, 面板数据	进出口额与 GDP 的比率	OLS, IV	开放的贸易体制能够引致更快的增长和贫困减轻
Rodrick 等 (2004) [2486]	横截面数据, 137 个国家	根据引力模型预测得到的各国理论上的"开放度"	OLS, IV	制度在所有增长因素中最重要; 一旦控制了制度变量, 对地理变量的常规度量最多有弱的间接效果, 贸易几乎一直是不显著的
Konya (2006) [59]	24 个 OECD 国家, 1960～1997 年年度数据	实际出口额, 进出口额与 GDP 的比率	基于似无关系统的面板 Granger 因果检验	对不同的国家有不同的结论
Estevadeordal 和 Taylor (2007) [41]	1975～1989 年、1990～2004 年两个时间段, 依年代不同国家样本数目不同	依两个时间段关税率是否降低的开放度虚拟变量	OLS, IV	增长率关于关税率的弹性值为 -0.05 左右, 显著且具有稳健性
Feyrer (2009a) [48]	1950～1997 年, 依年代不同国家样本数目不同	基于地理距离和运输技术进步的交互作用的理论上的贸易流量	OLS, IV	贸易对于人均收入具有显著的正效应, 弹性系数为 0.5 左右
Feyrer (2009b) [20]	苏伊士运河关闭前 (1960～1966 年), 关闭中 (1970～1974 年), 重开后 (1978～1984 年)	"理论上"的贸易流量和基于所有贸易伙伴加权的平均海运距离的变化	OLS, IV, 脉冲响应	贸易对于人均收入具有显著的正效应, 弹性系数为 0.25 左右

续表

代表文献	观测样本	开放指标	研究方法	主要结论
Billmeier 和 Nannicini (2009)	1960～2000 年，依年代不同国家样本数目不同	根据两种规则判断的 0～1 虚拟变量	OLS，配对法	20 世纪 70 年代之后存在贸易开放和经济增长的正向关系，然而估计结果并非都显著，同时也是不稳健的
Awokuse 和 Christopoulos (2009)	5 个工业化国家，时间序列	实际出口值	因果检验、线性 VAR，非线性多变量 STAR（LSTAR 和 ESTAR）	加拿大、意大利、英国和美国是出口引致增长；日本则是增长引致出口
Singh (2010)	澳大利亚	实际出口值	IV - GMM，DOLS，FMOLS，NLLS	在长期内贸易对产出有显著的正向影响
Dufrenot 等 (2010)	1980～2006 年 75 个发展中国家面板数据	根据引力模型预测得到的各国理论上的"开放度"	GMM，两阶段分位数回归（IV - QR）	相对于高增长率国家，贸易开放对低增长率国家的正向影响更大
包群、许和连和赖明勇 (2003)	中国 1978～2000 年的时间序列数据	贸易依存度、实际关税率、黑市交易费用、道拉斯指数、修正的贸易依存度	OLS，VAR，脉冲响应，方差分解	5 种度量指标中只有外贸依存度较好地反映了中国经济开放程度与经济增长之间的关系
黄玖立和李坤望 (2006)	1970～2000 年中国 28 个省区面板和横截面数据	出口占地方生产总值的比重	OLS，面板固定效应模型，IV - OLS	出口开放程度显著地影响了各省区人均收入的增长速度
彭国华 (2007)	2005 年中国 30 个省区的横截面数据	根据引力模型预测得到的各省区理论上的"开放度"	OLS，IV - OLS	对外贸易对地区劳动生产率有显著的促进作用
郭熙保和罗知（2008）	1996～2005 年中国 26 个省区的面板数据	各省区进出口总额占地方生产总值的比重	联立方程的似不相关回归（SUR），格兰杰因果检验	贸易自由化通过经济增长提高了贫困人口的收入

代表文献	观测样本	开放指标	研究方法	主要结论
包群 （2008）	1990~2003 年中国 29 个省区的面板数据	修正的贸易依存度	GLS， IV - GLS	贸易开放与经济增长存在倒 U 形曲线关系，对中国不同区域的经济增长效应存在显著差异
黄新飞和舒元（2010）	1992~2007 年中国 30 个省区面板数据	贸易依存度和修正的贸易依存度	异方差识别法，动态面板差分 GMM 和系统 GMM	贸易开放显著地促进了省区的经济增长

注：第一列方括号中的数值是截至 2012 年 3 月 10 日在 google 学术中显示的该文献被引用的次数。

资料来源：作者整理。

（二）对外贸易与经济增长差距的实证研究

国外有关贸易开放与经济体内部地区差距的研究主要针对欧盟、美国、墨西哥、印度、巴西等国家和地区。Silva 和 Leichenko（2004）研究了国际贸易对于美国乡村制造业经济的影响，并将这种影响与城镇地区所受影响进行了比较。Rivas（2007）利用墨西哥 1940~2006 年的数据进行了实证分析，结果表明：对外开放使那些受教育程度较低的区域获益更大，有利于减少区域发展不平等；然而，对外贸易又使那些有较高收入水平及较好基础设施的地区获益更大，增加了区域发展不平等。Alokesh Barua 和 Pavel Chakraborty（2010）认为随着贸易开放水平的不断提高，由 Herfindahl 指数衡量的制造业集中度不断增加，是造成印度地区差距的重要因素。

有关贸易开放与中国地区差距的研究也是国外学者关注的热点。Kanbur 和 Zhang（2005）的研究发现，中国省级人均收入基尼系数从 1990 年的 0.236 上升到 1999 年的 0.303，而有效关税率和以进出口额/GDP 计算的贸易开放度与中国区域间收入差距存在正相关关系。Fujita 和 Hu（2001）认为中国近年来国际贸易和外国直接投资的飞速增长以及明显的城乡劳动力流动，可能是中国近年来产业集聚和区域收入差距产生的重要原因。国内学者对于贸易开放与地区差距也进行了较多的探讨。何璋、覃东海（2003）利用面板数据进行实证研究认为开放程度与收入分配之间并不存在线性关系，而是一种凹形关系。万广华等（2005）用外商直接投资和贸易占 GDP 的比重作为全球化的代理变量，发现全球化对于地区间收入差距的贡献显著为正，并且随着时间而加强。李斌和陈开军（2007）利用变异系数度量了 1981～2003 年以人均国内生产总值为代表的地区经济差距及出口、进口贸易差异程度，描述了改革开放至今三者的变动趋势。就不同区域的贸易开放与经济增长的关系而言，东、中、西部地区的贸易开放与经济增长之间的关系并不一致（包群，2008）。魏浩（2010）同样是关注贸易开放与中国区域发展不平衡的问题，但他选择利用空间统计分析方法，基于空间经济学视角，通过计算全局 Moran 指数和局部 Moran 指数，对中国 30 个省（市区）对外贸易的集聚效应和辐射效应分别进行了测量，他发现 1978～2007 年，中国 30 个省市的对外贸易存在显著的空间自相关，从空间集聚效应来看，具有明显的"马太效应"特征。刘瑞明（2011）利用中国 29 个省区 1985～2008 年的数据进行经验研究后发现，初始的国有比重越高，则后续年份的平均增长率越低，国有比重的下降显著地促进了地区经济增长。

（三）简要的评述

关于贸易开放与经济增长的关系在经济学界一直存在分歧，特别是 Rodriguez 和 Rodrik（2000）在对一系列关于贸易政策与经济增长的文章评述后认为，大多得到预期结论的文章要么来自模型误设，要么是对开放度使用了错误的代理变量，而这些代理变量往往是衡量其他政策或制度的变量，这些变量本身也对经济增长具有独立的效应；并且很多模型的估计系数对控制变量敏感，即模型的估计系数并不稳健（Robustness）。

开放度的内生性问题也给贸易开放与经济增长的经验研究带来了较大的困难，内生性问题不仅无法甄别因果关系，还会使得经典 OLS 回归的结果有偏和非一致。寻找到一个好的外部工具变量能够解决双向因果、遗漏变量和测量误差三个问题，然而寻找工具变量是一件非常困难的事情。在面板数据的情况下，现在大量的研究者青睐动态面板的 GMM 估计方法，该方法使用内生变量的滞后值作为工具变量。工具变量法通过外生的变化能够甄别因果关系，并能够显示由因及果的作用渠道。倍差法自然实验提供了一种外生的变化或冲击，这种外生的变动可以解决双向因果关系，但倍差法需要满足处理效应可忽略性的假设，以及处理组和对照组在事件发生前后具有相同的趋势。工具变量和自然实验都是依靠外生的变化或冲击来解决联立性问题的，而配对法是忽略"效应的原因"而直接考察某种处理效应的结果大小。配对法常被用于微观计量，在研究宏观问题时，可能会面临样本量不够大的问题。

以往很多学者注意到贸易开放和地区差距之间的同步性，但对于贸易开放条件下中国地区差距的形成机制却缺乏深入分析。有很多学者从产业集聚的角度来对中国地区差距问题进行较为系统和全面的分析，并给出了令人信服的证据。本书认为我国地区发展差距形成的关键在于对外贸易引致的产业非均衡分布和产业集聚，特别是第二产业的发展差异。改革开放以来，随着要素流动的日趋自由化，我国产业的空间分布格局发生了巨大变化，由原来计划经济时代的分散产业分布模式变为集中，特别是向沿海地区的集中，而随着贸易开放程度的不断深化，这种产业分布的不平衡更趋恶化，从而导致了中国地区差距难以缩小。

然而，如果我们进一步追问，为什么中国的第二产业主要集聚在东部沿海省区呢？本书认为：地区偏向政策和地理位置在贸易开放的背景下引发第二产业在东部沿海省区的集聚。从需求的角度看，沿海省区有着更大的国外市场，"本地市场效应"的存在，导致厂商向沿海省区集聚，使得沿海省区工人的实际工资提高，即"生活成本效应"。本地市场效应和生活成本效应的相互加强，形成累积因果循环。中国的 FDI 主要分布在沿海省区，中国外商投资企业的出口额从 2001 年开始占全国总出口额的一半以上，FDI 和进出口贸易相互促进，因此引发了第二产业集聚在东部沿海省区而导致的地区差距。

有鉴于此，本书将在以往研究的基础上，以新经济地理学和内生增长理论为理论基础，从理论模型和实证研究两个方面考察在贸易开放背景下，特别是 20 世纪 90 年代初以来，中国地区差距不断扩大的演进过程和形成机制，重点是从不同维度定量考察对外贸易对中国地区差距的影响。在此基础之上考察在贸易开放水平不断深化的背景下，缩小地区差距的政策建议。

三　研究思路和结构

本书将从对外贸易的角度来探讨中国的地区差距问题。我们认为，并非单纯的地理位置能够解释中国地区间差距问题；改革开放后，东部沿海地区在对外开放的背景下，凭借优越的地理位置和政策优惠，积极从事对外贸易和利用外商直接投资，在对外开放的过程中产业集聚程度的差异使东部沿海地区和内地中西部省份的差距逐渐扩大①。首先，构造一个贸易开放背景下的"两国三地区"模型，来阐述由地理位置差异引起的厂商集聚而导致的地区差距。其次，对中国对外贸易的地区分布及其空间效应进行描述和分析；通过使用中国省际面板数据，通过剥离贸易政策的影响，单独从贸易流量的角度，运用不同的模型设置和工具变量策略来考察贸易流量对经济增长的影响；由对外贸易引致的外商直接投资在中国的非均衡分布也对地区差距产生了重要影响，运用经验分析从外部性和贸易开放两个主要方面来考察外商直接投资区位选择的决定因素，并重点关注贸易开放在吸引 FDI 方面的内生性问题。再次，分别运用时间序列和面板数据，从贸易开放的视角来考察和度量中国地区差距问题。最后，提出促进中国地区平衡发展的政策建议。相关研究思路见图 2。

全书除前言和结束语外共分七章。

第一章，对外贸易与经济增长、地区差距的理论基础。该章从对外贸易与经济增长、对外贸易与地区差距两个方面对相关理论进行了系统的梳理，这些理论和研究将成为本书后续研究的基础。

第二章，对外贸易开放背景下的厂商区位选择和地区差距模型分析。该章将以新经济地理学理论和内生增长理论为基础，构造一个开放经济条件下"两国三地区"的一般均衡模型，讨论贸易开放条件下，一个发展中

---

① 有很多文献从产业集聚的角度来分析中国地区差异，从本书的核心观点来看，产业集聚是在对外开放的背景下产生的，产业集聚只是对外贸易引致地区差距的中介变量，本书无意分析中国各省区的产业集聚情况。

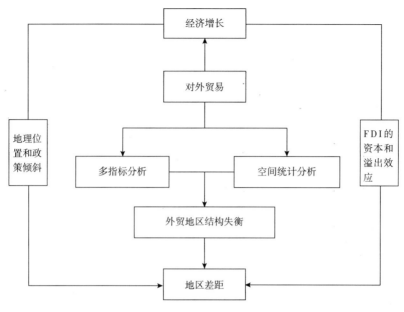

图 2　本书研究思路图

国家内部经济地理的分布。

第三章，中国地区间对外贸易的差异分析。首先利用标准差、变异系数、泰尔指数和区位熵指数等多指标来分别刻画中国地区间对外贸易的总体情况，然后利用空间统计分析工具考察各省区对外贸易的集聚效应和辐射效应。

第四章，关于对外贸易与外商区位选择的实证分析。对外贸易和外商投资相互影响，该章首先描述了外商在华直接投资与中国进出口贸易的关系，然后从对外贸易和外部性两个主要方面来考察外商直接投资区位选择的决定因素，并重点关注贸易开放在吸引 FDI 方面的内生性问题，即贸易开放和 FDI 是相互促进的。

第五章，关于贸易流量和经济增长的实证分析。该章使用中国省级面板数据，尝试剥离贸易政策和贸易流量，集中考察贸易流量对省区经济增长的影响；并且使用不同的模型设定和工具变量策略，来实证考察两者之间关系的稳健性。

第六章，中国经济增长的地区差距分析。该章首先对中国 1980～2009

年地区差距总体演变和发展过程进行描述；其次从全国时间序列的角度来考察中国整体对外贸易地区结构失衡对地区差距的影响；最后，利用分省的面板数据，运用配对法直接定量度量由贸易开放度相对高低而造成的各省区人均收入的差距。

第七章，结论及政策建议。在对本书得到的主要研究结论进行总结的基础上提出相关政策建议。

四　研究方法

本书不仅要分析各地区对外贸易发展和经济增长绩效差距的大小及其演变趋势，而且要分析对外贸易引致中国地区经济差距的机制、途径和影响大小。为此，本书将从多角度采用多种方法研究对外贸易对中国地区经济差距的影响。所采用的研究方法主要有以下几个。

(一) 理论分析与实证分析相结合

在对相关理论进行梳理的基础上，本书第二章以新经济地理学理论和内生增长理论为基础，构造了一个开放经济条件下"两国三地区"的一般均衡模型，从理论上来刻画贸易开放背景下地区差距的形成机理和动态演变。然后，在该理论模型的基础上，利用中国的相关数据分别实证考察了贸易流量与省区经济增长的关系、外商投资企业的区位选择、贸易开放度相对高低对各省区人均收入差距的影响等问题，努力做到理论分析与实证研究相辅相成。

(二) 参数分析与非参数分析相结合的方法

本书的实证研究部分，主要使用的基本上都是回归分析方法，回归分析是一种参数分析方法。第三章对贸易流量与省区经济增长的研究使用了面板固定效应、动态面板 GMM 等实证分析方法。第六章关于中国对外贸易地区结构失衡与地区经济增长差距的研究使用了单位根检验、协整，关于贸易开放度相对高低对各省区人均收入差距影响的研究使用了微观计量领域用于政策评估的配对法（Matching）等多种实证研究方法。第五章关于外商投资区位选择的经验研究部分，采用了数据包络分析（DEA），这是一种非参数分析方法，用来测算各省区的研究开发效率。

（三）理论研究与政策研究相结合

在本书第四章、第五章、第六章关于外商投资企业的区位选择、贸易流量与省区经济增长的关系、贸易开放度相对高低对各省区人均收入差距的影响等实证研究的基础上，第七章提出了关于我国深化对外开放与协调地区均衡发展的政策建议。

五 创新点

中国地区差距问题一直是学者关注和研究的热点问题，本书在前人研究的基础上，主要从以下四个方面进行了拓展和创新。

首先，在传统的从对外贸易角度探究中国地区差距问题的基础上向前推进一步，在对外开放的背景下，东部沿海地区凭借优越的地理位置和政策优惠，积极从事对外贸易和利用外商直接投资，在对外开放的过程中逐渐拉开了和内地中西部省份的差距。单纯的地理位置并不决定各省区经济增长的绩效。

其次，关于贸易政策或贸易流量与经济增长的跨国研究中经常出现以下两个问题：第一，贸易政策和贸易流量相互影响，无法剥离开各自对经济增长的影响；第二，容易遗漏制度变量，特别是在横截面研究中。本书使用中国的各省面板数据，能够剥离贸易政策的影响，而重点考察贸易流量对经济增长的贡献。中国各省几乎享受相同的贸易政策，各省的对外贸易更主要的是与各省的资源禀赋和产业结构有关，因此，在控制住了时间虚拟变量之后，各省对外贸易对经济增长的作用主要是由各省区的贸易流量产生的。同时，时间虚拟变量也能够捕捉外部需求变化对各省贸易流量的影响。另外，中国各省之间的制度没有国与国之间的差异大，遗漏变量的偏误会小很多。

再次，已有文献考察了外商直接投资对本地技术创新的影响，而本书则从本地技术溢出的角度来考察外商直接投资的区位选择问题。追溯到马歇尔时代，其《经济学原理》中已经提到了技术外部性的作用。本书考虑了从本地技术创新能力和创新效率角度来探究外商直接投资的区位选择问题。

最后，在传统的新古典 Barro 和 Sala－i－Martin 的收敛框架下，一方面研究者需要处理棘手的贸易开放的内生性问题，而寻找一个好的工具变量是一件非常困难的事情；另一方面在此框架下度量的是在其他因素不变时贸易开放指标对人均增长率的影响。本书将采用微观计量领域用于政策评估的配对法（Matching）定量考察贸易开放度的相对高低对各省区人均收入差距的影响。配对法不是考察"效应的原因"（Causes of Effects），而是转而获取某种"原因的效应"（Effects of Causes），所以不需要去寻找工具变量。在控制一些可观测因素后，利用尽可能相似的处理对象和控制对象可以减小估计偏误。

第一章

对外贸易与经济增长、
地区差距的理论基础

经济增长是经济学研究中一个永恒的话题，众多经济学家从不同角度和方面对该论题展开研究，并且在每个分支下都能不断地开拓出新的空间。在众多的分支中，对外贸易与经济增长是一个非常重要的论题，该论题的自然拓展之一，便是对外贸易与国别或地区间经济增长绩效的差异研究。本章首先回顾了对外贸易与经济增长的理论，然后在对该领域经典文献进行梳理的基础上，指出了该领域研究的难点——贸易开放的内生性问题，之后介绍了已有文献中处理和解决贸易开放内生性问题的各种方法；其次是关于对外贸易与经济增长差距的理论和文献回顾。在这些回顾中，我们还特别关心对于这些经济现象的跨国比较研究和关于中国相关现象的研究。在本章的最后，我们对现有的文献进行了评论并指出了未来进一步的研究方向。

第一节　对外贸易与经济增长的相关理论

对外贸易能够通过静态利益和动态利益促进一国的经济增长。静态利益表现为在不改变一国的生产可能性曲线的条件下，通过发挥各自的比较优势进行专业化分工，提高资源的配置效率和劳动生产率。与对外贸易的静态利益相比，动态利益对经济增长的贡献更加重要。对外贸易的动态利益包括增加资本积累，提高人力资本水平和存量，促进技术进步、产业结构升级、制度变迁等。在本节，我们将从物质资本积累、技术进步、技术扩散、产业结构升级、制度变迁等方面来回顾对外贸易促进经济增长的理论。

一 物质资本积累机制

由于分工水平取决于市场范围和规模，国际贸易能够扩大市场范围，于是对外贸易就促进了专业化生产和国际分工，Baldwin（1992）认为根据比较优势理论，贸易能够通过提高物质资本回报率来促进资本积累[①]。对于绝大部分处于经济起飞阶段的国家，其往往缺乏资本品以及生产机器设备等资本品的能力，通过对外贸易进口先进的机器设备等资本品，一方面能够提高劳动生产率，使得各种自然资源、劳动力等得到充分利用；另一方面，通过进口国外资本品能够提高本国的投资水平，提高本国的储蓄率，从而有利于资本积累。另外，这些国家由于国内资本品相对供给不足，国内投资品价格往往会高于国际市场上的价格，通过对外贸易进口投资品能够平抑资本品价格，从而提高实际投资水平，增加资本积累。

具体而言，对外贸易可以通过闲置资源利用、投资创造效应、引导国民储蓄、吸引外商投资等渠道加速资本积累。

首先，出口部门往往是一个经济体中最具有活力、最有效率的部门，在经济发展的早期阶段，经济体中一般都有各种资源闲置。通过对外贸易能够增加对闲置资源的利用，如土地、矿产资源等，从而增加经济体中的资本积累。根据比较优势原理，出口充裕要素密集型产品，可以获得外汇收入，积累外汇资金，从而能为资本设备引进、经济结构调整、技术人才引进、研究与开发等经济活动提供强大的外汇资金支持。与此同时，根据国民收入恒等式，产品的出口以及贸易顺差的产生相当于减少和抑制了国内消费，增加了国内储蓄，也为经济增长积累了必需的资金。对外贸易的发展能够较好地解决发展中国家在工业化早期面临的钱纳里"双缺口"问题。

其次，对外贸易具有投资创造效应。从历史经验来看，出口部门的要素收益率一般高于非贸易部门的要素收益率，由于资本的逐利性质，出口

---

① Baldwin, R. E., "On the Growth Effects of Import Competition", 1992, NBER Working Paper No. 4045.

部门的高收益率必然吸引资金流入，导致出口部门投资增加。这些新增的投资部分来自国内效率较低的其他经济部门，也有一部分是创造出来的新增投资。

最后，对外贸易发展有利于吸引外商投资。小岛清的"雁型"产业转移理论很好地阐述了对外贸易与外商投资的关系，由于这些产业在母国不再具有比较优势或者是东道国具有某些丰富的资源（通常是廉价的劳动力资源），对外贸易能够吸引更多的外商投资，促进外资流入增加。由于母国不再生产此类产品或产量较少，因此母国会从东道国进口此类产品，从而增加双边贸易额。经验证据表明，开放的市场环境、稳健的政策和良好的政体都有助于外资的流入。东道国在发展对外贸易的过程中必然会推动其国内制度建设，以期与国际接轨，这些因素都为投资者提供了一个良好的心理预期，从而刺激外资的流入。改革开放以来，中国东部沿海地区积极从事对外贸易，对外贸易既增加了出口创汇，又吸引了大批外商投资企业在该地区从事与贸易有关的生产经营活动。

二　技术进步机制

新增长理论强调技术进步在经济增长中的作用，对外贸易能够促进技术进步体现在如下四个方面。

第一，对外贸易通过商品交换和人员交流，能够减少重复研究和开发，避免重复劳动，从而能够将更多资源投入到新的研发活动中，提高研发资源配置效率，增加世界知识和技术存量，进而不断促进技术创新和进步。对外贸易能有效地配置研发资源，降低技术创新的学习成本。技术落后国通过对外贸易能够接触和了解其他国家的技术水平、技术创新的路线以及经验，结合自身状况，选择适合自身的技术创新路线。

第二，发展中国家通过对外贸易能够直接获得出口国的新技术、新设备和新产品，特别是中间产品所包含的大量技术信息，发展中国家的企业通过研究学习、技术模仿和反向工程可以学习进口的最终产品和中间品中的新技术，提高自身技术水平，从而拉动进口国的技术进步。

第三，技术差距是进行国际贸易的原因之一，对外贸易能够加剧市场竞争，因此，不论是进口国企业还是出口国企业都将重视企业研发活动，进行技术创新。国际竞争使新产品的垄断周期缩短，企业为保持竞争优势，势必会增加对研究与开发的投入，不论是出口国还是进口国都有利于其技术创新。一方面，进口国通过技术进口、技术模仿可以实现技术上的后发优势，迅速缩小与技术出口国的技术差距，甚至开发出某些适应性的创新；另一方面，出口国通过垄断产品出口而获得的高额贸易利润，可以在研发上投入足够的资金，以维持和延长自身的技术优势。创新活动产生的新产品和新工艺才能令出口国的出口产品在国际市场上具有竞争力，令进口国企业在面临同类进口商品的竞争时能够在竞争中获得生存；对于产品出口国来说，对外贸易可能还会通过进口国的市场反馈促进产品输出国的技术改进，促使企业进一步的创新活动，达到"反向创新"的效果①。

第四，许可证贸易、咨询服务、技术服务等国际技术贸易形式能够对技术引进国的技术创新能力起到直接的促进作用，提高技术引进国的技术水平。另外，国际技术贸易能够通过改变创新主体的内在意识，包括对创新的理解、创新的途径等，以及创新主体的内外部制度环境，改善技术创新诱导的反应机制。

三　技术扩散机制

Krugman（1979）较早地从产品生命周期理论出发，在一个存在南北贸易技术转移的一般均衡模型中描述了技术扩散的动态过程和全球经济增长②。在该模型中有南北两个国家，北方国家以一定速度开发新技术并应用于生产新产品；南方国家则缺乏相应的产品技术创新能力，待技术标准化之后，以前在北方国家生产的产品才能在南方国家生产。每种产品都要通过这样一个过程：首先由北方国家开发出来，专业化生产并出口到南方国家，随后由人员交流和对外贸易等技术外溢到南方国家，并且待技术已

---

① 比如奥利奥饼干（美国卡夫食品公司旗下品牌）传统的圆形产品在中国率先推出了抹茶冰淇淋、水晶葡萄加水蜜桃、甜橙加芒果以及树莓加草莓等口味，后来某些口味的产品在全球成了热卖产品。类似的例子还有颇受消费者欢迎的可口可乐"美汁源"果汁最早就是为了迎合中国人的口味而推出的，后来发展成为年销售额10亿美元的全球品牌。相关的详细报道请见 FT 中文网《中国特色的奥利奥》，http：//www.ftchinese.com/story/001043533，2012年3月7日。

② Krugman, Paul, "Increasing Return, Monopolistic Competition and International Trade", *Journal of International Economics*, 1979, Vol. 9（4），pp. 469 – 479.

经标准化且对人力资本的要求已不如初期那么高之时，在南方国家生产并出口至北方国家。在这个过程中，北方国家持续的技术创新和北方国家向南方国家持续的技术溢出都会提高全球的经济效益，提高全球产出水平。

Krugman（1979）的模型中的技术进步是一个外生变量，之后 Grossman 和 Helpman（1991）把对外贸易引入内省增长理论的分析框架[1]。这些模型能够较好地描述现实世界中的技术溢出，具体来看，对外贸易能够促进技术溢出体现在如下三个方面。

首先，国际贸易是国际技术扩散的重要渠道，通过直接的技术进出口和物化在产品中技术的进出口，对外贸易能够导致技术在贸易参与国和地区之间的扩散。对技术引进方而言，通过对外贸易能够获得出口方的新技术、新设备和新产品，不仅能够直接获得技术提升，而且还能够通过学习、模仿等"反向工程"来提升自身的技术水平；对技术出口方而言，技术出口实现的规模收益会激励出口方持续的技术创新，这将会构成"创新—扩散、再创新—再扩散"的技术进步链条。出口部门通过前向和后向关联，还能够将出口部门的技术创新扩散至非出口部门，从而提高整个经济体的技术水平和劳动生产率。

其次，服务贸易的两种方式——境外消费和自然人移动本身就涉及人员的跨国移动和交流，特别是某些隐性知识（Tacit Knowledge）的扩散。隐性知识占据知识总量的一定比例，且无论是在前工业化时代还是在工业化时期，隐性知识只能通过人与人面对面的交流才能实现扩散，比如某些师徒相传的诀窍等。因此，人员的流动对促进技术的传播具有重要影响。

最后，技术扩散的有效性还要取决于技术接受国已有的技术知识存量、人力资本等辅助性因素，如果技术差距太大或者没有相应的研发投入、人力资本做支撑，技术接受国很难有效地吸收这些技术。另外，知识产权保护、市场化程度和开放程度等也会对技术扩散效应造成影响。

---

[1]　Grossman, Gene M. and Elhanan Helpman, "Quality Ladders in the Theory of Growth", *Review of Economic Studies*, 1991, Vol. 58（1）, pp. 43–61.

四　产业结构升级机制

产业发展的主要源泉和基本标志是资源配置优化和资源使用效率的提高。对外贸易促进产业结构升级体现在以下几个方面。首先，国际贸易的参与国会根据各自的比较优势专业化生产本国资源比较丰富的产品，发挥规模经济效应，使本国优势产业得到最大程度的发展。其次，具有比较优势的产业在对外贸易中才具有"自生能力"，参与国在对外贸易中通过资本积累、技术创新等活动可以实现比较优势的动态化，即原来的欠发达国家随着时间的推移，其比较优势会发生变化，劳动力不再无限供给，而资本和技术不再短缺，该国资本密集型和技术密集型产业随之发展起来，从而实现产业结构的高级化。因此，对外贸易中的比较优势原则有利于产业演进和升级。最后，国际贸易还能为本国产业演进提供信号和方向指引，提高产业演进的效率。在专业化生产和国际交换过程中，作为经济交流前沿和感受竞争压力变化的出口部门，其贸易结构的变化会引致国内产业结构、产品结构的变化。对外贸易的竞争压力和学习效应会激励进出口企业改善生产经营管理，加强组织、技术和制度创新，保持产品竞争力从而提高产业演进的效率。

五　制度变迁机制

新制度学派认为制度变迁是内生于经济增长的，并且是促进经济增长的重要因素。国际贸易通过改变对制度的需求和供给来达到制度变迁的目的。一方面，国际贸易会扩大市场规模，交易的增多和交易风险的增大，都会增加交易中的费用，因此，出于收集信息、排除非参与者以及风险分担等减少交易成本的目的而对新的制度安排有着强烈的需求。国际贸易导致的技术进步需要一定的制度保障，良好的市场经济运行规则、对知识产权的保护、开放的经济等都是有利于技术吸收和技术进步的制度安排。另一方面，国际贸易中商品和人员的交流和信息沟通，能够实现制度的扩散和转移并诱发制度创新。

第二节　对外贸易与经济增长差距的相关理论

一　对外贸易与经济增长差距的新古典增长理论

新古典增长理论鼓励自由贸易，自由贸易能够在全球范围内优化资源的配置，促进经济增长，对促进经济增长收敛和地区差距减小有重要作用。而对外贸易减小经济差距的主要途径是技术模仿和技术扩散。

"后发优势"假说及其基础上形成的技术赶超理论认为，落后国家或地区在经济增长绩效上落后于发达国家或地区的主要原因是技术上的落后，而对外贸易是落后国家和地区学习先进技术的主要途径之一。并且，技术领先者与追赶者的技术水平差距越大，技术模仿的进步速度与其距离稳态的技术差距越成正比，即初始技术水平越低，技术进步速度越快，经济增长速度也越快。因此，对外贸易通过技术模仿和技术外溢促进了经济增长收敛，从而有利于国家或地区间经济差距的缩小。

Barro 和 Sala－i－Martin（1997）在新古典趋同的框架下提出了技术扩散模型，在该模型中，经济增长收敛的机制不是技术模仿的边际成本递增，而是传统新古典中资本的边际报酬递减[①]。技术进步的方式有两种：自身创新和技术模仿。由于创新的成本较高，而模仿的成本较低，初始的落后者倾向于选择技术模仿。在增长初期，落后者面临的是相对较低的模仿成本，它的增长速度较快，并逐步追赶领先者。随着可模仿的技术和资源的逐渐减少，跟随者的边际模仿成本递增，其增长速度也随之卜降，最终增长速度和领先者趋同，人均收入水平也趋同。而决定收敛速度的是国家间的贸易和开放程度，因为贸易是技术扩散的主要途径之一。因此，对外贸易是促进国家间技术扩散从而决定收敛速度的重要因素。

---

① Barro, Robert J. and Xavier Sala－i－Martin, "Technological Diffusion, Convergence, and Growth", *Journal of Economic Growth*, 1997, Vol. 2（1）, pp. 1－26.

二　对外贸易与经济增长差距的新增长理论

新古典增长理论假定技术是外生的，并且预测由于物质资本的边际收益递减，资本会从富国向穷国流动直到实现经济趋同。然而趋同的现象在现实中并未被观察到，新增长理论将技术进步内生化，并强调知识和人力资本的作用，关于对外贸易与增长差距之间的关系也得出了与新古典理论截然相反的预测。

Romer（1986）认为知识的非竞争性和外部性会导致资本和劳动的收益递增，一国的知识、物质资本、人力资本存量越多，其投资收益率也会越高，这样会出现资本从发展中国家向发达国家流动的"资本倒流"现象①。因此，对外贸易倾向于扩大国家间经济增长的差异。Lucas（1990）认同上述观点，认为由于人力资本的存在，穷国与富国间资本边际报酬的差异大大缩小，并在资本市场不完善等因素的作用下出现了资本从穷国向富国的反向流动现象②。

Lucas（1988）的人力资本模型中，开展贸易的两国会根据各自的比较优势专业化生产某种产品，起初人力资本丰富的国家会专业化生产高技术含量的产品，并通过国际贸易和经验积累，不断巩固其在高技术含量产品上的垄断地位；相反，起初处于人力资本劣势的国家将专业化生产低技术含量的产品，并获得较低的经济增长率。对外贸易会强化各国的初始比较优势和生产模式，由于对外贸易的作用，国家间经济增长率的差距将会被强化③。

三　对外贸易与经济增长差距的新经济地理学理论

最早有关贸易开放对于一国内部区域收入影响的研究始于国际贸易理论中经典的 H－O 理论。就贸易开放对发展中国家的区域发展不

①　Romer, Paul M. , "Increasing Returns and Long – run Growth", *Journal of Political Economy*, 1986, Vol. 94 (5), pp. 1002 – 1037.

②　Lucas, Robert E. , "Why Doesn't Capital Flow from Rich to Poor Countries?" *American Economic Review*, 1990, Vol. 80 (2), pp. 92 – 96.

③　Lucas, Robert E. , "On the Mechanicds of Economic Development", *Journal of Monetary Economics*, 1988, Vol. 22 (1), pp. 3 – 42.

平等的影响而言，由于非熟练劳动力相对于熟练劳动力在一国内部的分布较为均衡，H－O理论推论出非熟练劳动力工资水平的提升会削弱收入不平等的状况。但整体而言，由于诸多假设条件与现实情况差别很大，根据H－O理论推导出的贸易开放可以缩小发展中国家国内地区差距的结论与现实情况不符，并且往往贸易开放与地区差距的演变是非线性关系的。

近年来得益于新经济地理学的发展，有关国际贸易对于一国国内地区差异影响的研究取得了丰硕的成果，这些研究的基础是Krugman（1991）提出的新经济地理学代表性模型——"中心－外围"（Core－Periphery）理论①。经过一系列学者的扩展，"中心－外围"有一些基本的结论：本地市场放大效应、非对称的内生性、循环累计因果关系、突发性集聚、驼峰状集聚租金、路径依赖性和自我实现预期。之后的一些学者在CP模型的基础上做了大量的扩展，包括考虑到国际贸易与内生增长理论相结合等。

Baldwin、Martin和Ottaviano（2001）将新经济地理学与内生增长理论相结合，考察区域经济增长差异问题②。该模型是在一个"两地区两要素"的框架下进行分析的，假设全球分为南北两个地区，有资本和劳动两种要素，经济增长仅依靠资本积累来实现。模型中的资本既包括物质资本，也包括人力资本和知识资本。物质资本可以在不同空间之间流动，且人力资本和知识资本是附着在物质资本上的，也可以随着物质资本的流动而流动。人力资本和知识资本具有溢出效应，表现出规模报酬递增的特征，而且随着资本存量的增加，溢出效应会加强。与内生增长理论不同，该模型充分考虑了空间因素对于知识溢出的影响，认为知识溢出的效果会随着空间距离的增加而递减。本地知识资本对于本地知识溢出的吸收能力会由于距离的增加而减弱。这样，知识溢出就具有明显的空间/地域特征。

该模型中资本的增加由资本创造部门利用劳动力进行生产，单位资本

① Krugman, Paul, "Increasing Returns and Economic Geography", *Journal of Political Economy*, 1991, Vol. 99 (3), pp. 483 – 499.
② Baldwin, Richard E., Martin, Philippe, and Ottaviano, I. P., "Global Income Divergence, Trade, and Industrialization: the Geography of Growth Takes – offs", *Journal of Economic Growth*, 2001, Vol. 6 (1), pp. 5 – 37.

的创造成本随着资本存量的增加而下降。某地区生产资本的效率既取决于本地区资本存量的大小，又取决于其他地区资本存量的溢出效应。只是溢出效应的强弱和人口数量的多少决定了资本增长速度的快慢。知识溢出效应越强，资本就可以积累得更快，在模型中两个地区的人口不存在空间移动，但人口规模是按照一定的比例发生变化的。人口越多，能够供给的劳动力也就越多，相应的经济增长速度也就越快。

当人口分布对称时，两个地区的资本增长速度是相同的，产业分布也是相对均匀的，当由于某种冲击资本的对称分布被打破时，地区资本增长差异会发生变化，资本较为集中的地区会产生产业的集聚，相应的地区经济增长率也会更快。

与"中心－外围"模型类似，地区的实际收入取决于各地区的名义收入和本地区的生活成本指数。名义收入由劳动者报酬和资本报酬共同构成。当冲击发生时，资本集聚区的居民不仅通过出售劳动力得到劳动报酬，而且还可以通过拥有的资本而得到资本收益。与此形成对比的是在不存在资本集聚的地区，当地居民只能通过出售劳动力得到报酬，而无法得到相应的资本收益，从而形成名义收入上的差异。而就生活成本指数而言，资本集聚地区的工业品价格指数要低于非资本集聚地区的工业品价格指数，从而使得后者的生活成本指数较高；在资本集聚区居民的实际收入高于非资本集聚区居民收入的情况下，资本集聚区和非资本集聚区的居民收入会形成显著的差异。

为引入贸易开放因素，学者们对 CP 模型进行了拓展。Krugman 和 Elizondo（1996）建立了一个包含三个区域（两个国内区域、一个国外区域）、一种生产要素的模型[1]。该模型验证了当制造业部门仅服务于一个较小的国内市场时，由于前向联系和后向联系，诸如墨西哥城这样的巨大城市会出现。当一国经济对外开放时，这些联系会相对削弱。换句话说，第三世界国家巨大的中心城市是进口替代政策的副产品，当发展中国家实施贸易自由化政策时，这些城市会趋向于缩小，经济也会倾向于分散化。此后有关贸易开放对于地区差距影响的模型研究均是在 KL（1996）基础上

---

[1] Krugman, Paul, and R., Elizondo, "Trade Policy and the Third World Metropolis", *Journal of Development Economics*, 1996, Vol. 49（1）, pp. 137 - 150.

进行拓展的，但研究结论却不尽相同。

Hu（2002）构建了一个空间集聚模型来解释中国不断增加的地区差距，该模型表明贸易开放的深化、农村人口向城市的流动是导致中国内地和沿海地区发展差距不断扩大的原因[1]。由于在国际贸易中占有地理位置优势，沿海地区成为工业的初始集聚地，而这一优势地位又由于规模收益递增的正反馈机制而得以强化。省际农村人口向城市的流动（而非省内流动）为沿海地区实现工业集聚提供了充足的劳动力供给。内陆地区由于较高的运输成本而在国际贸易中处于不利地位，工业向沿海地区的集聚使得沿海和内陆的收入差距增加。

---

[1] Hu, Dapeng, "Trade, Rural‐urban Migration, and Regional Income Disparity in Developing Countries: A Spatial General Equilibrium Model Inspired by the Case of China", *Regional Science and Urban Economics*, 2002, Vol. 32 (3), pp. 311 – 338.

第二章 |

对外贸易、内部地理与地区差距

——一个"两国三地区"模型

对外贸易是如何影响一国国内地区差距的？从导言部分对现有文献的分析可知，新古典理论框架不能对此给出一个很好的解释，本章将力图构建一个基于新经济地理学的"两国三地区"的空间一般均衡模型，特别是对外贸易开放背景下厂商（产业）集聚和地区发展差距的相互演进机制。与经典的克鲁格曼新经济地理学模型和 Murata（2008）相比，我们的模型对分析对象进行了拓展，由国内两个地区扩展到国内、国外三个地区的情形。同时与 Paluzie（2001）和 Hu（2002）等相比，本书模型的一个重大改进在于考虑到"国内两地区"由于相对地理位置差异而引发对外贸易成本的不同，使得三地区模型更贴近于中国东部沿海地区和内陆地区的实际禀赋差异情况，相应的结论也更加符合中国实际。

本章的结构安排如下：第一节介绍模型的背景和思路；第二节给出模型的假定并构造基本模型；第三节分析开放经济条件下产业集聚和地区差距的关系；第四节为本章小结。

第一节　模型的背景和思路

为了能够较好刻画中国改革开放以来产业发展和地区差距的演进关系，特别是对外贸易开放的不断深化会如何影响产业集聚，我们将选择新经济地理学理论作为本章模型构建的理论基础。因为该理论能够充分考虑到中国区域发展的空间差异，并能够动态反映要素跨区域流动、跨区域贸易成本和地区收入差异之间的复杂关系，相对于新古典理论模型能够给出更符合实际的答案。

新经济地理学模型最初主要关注于封闭经济下两地区的劳动力、企业和收入分布问题，其中最重要的变量是区域运输成本（或者称为区域贸易成本），通过分析区域运输成本的变动，来动态地考察两地区的产业集聚和分散情况。此后有学者将两个地区的模型扩展到 R（R > 2）地区，所得结论没有发生本质改变，不过此时仍然是封闭条件下进行的分析。Murata（2008）系统地分析了运输成本的降低与地区工业化以及相应的产业集聚之间的关系[①]。他分别从供给和需求两个角度探讨了运输成本降低的影响。从供给角度看，运输成本的降低将会扩大制成品的市场范围，使得工业部门的收入提高，会吸引农业劳动力向工业部门的转移；从需求角度看，运输成本的降低提高了消费者的实际购买力，进而通过恩格尔效应增加了对工业制成品的相对需求。Krugman 和 Elizondo（1996）首次对于封闭经济下的模型进行了拓展，他们建立了一个包含三个区域（两个国内区域、一个国外区域）、一种生产要素的模型。该模型验证了当制造业部门仅服务于一个较小的国内市场时，由于前向联系和后向联系，诸如墨西哥城这样的巨大城市会出现。当一国经济对外开放时，这些联系会相对削弱。换句话说，第三世界国家巨大的中心城市是进口替代政策的副产品，当发展中国家实施贸易自由化政策时，这些城市会趋向于缩小，经济也会倾向于分散化。该模型较好地解释了北美自由贸易区成立之后墨西哥国内产业分布的空间变化。此后有关贸易开放对于地区差距影响的模型研究均是在Krugman 和 Elizondo（1996）的基础上进行拓展的，但研究结论却不尽相同。Paluzie（2001）认为贸易开放的深化将提高而不是降低经济活动的集聚度，而这种集聚度的提升又会扩大地区差距[②]。Crozet 和 Koenig（2004）也得出了类似的结论，即贸易开放之后会提高经济的集聚度[③]。

参考 Paluzie（2001）和 Hu（2002），本书建立一个"两国三地区"的

① Murata, Yasusada, "Engel's Law, Petty's Law, and Agglomeration", *Journal of Development Economics*, 2008, Vol. 87（1）, pp. 161 – 177.

② Paluzie, E., "Trade Policy and Regional Inequalities", *Papers in Regional Science*, 2001, Vol. 80（1）, pp. 67 – 85.

③ Crozet, M., and Pamina K., "EU Enlargement and the Internal Geography of Countries", *Journal of Comparative Economics*, 2004, Vol. 32（2）, pp. 265 – 279.

一般均衡模型，将本国分为沿海和内陆两个地区，国外作为一个地区。在模型的关键要素——贸易成本变量的处理上，我们将拓展贸易成本，使其不仅包括运输成本因素，还包括关税、非关税壁垒和市场开拓成本等因素，以充分反映贸易开放的影响。与克鲁格曼的"中心-外围"模型一样，本书的模型中存在三种效应，分别为本地市场效应（Home Market Effect）、生活成本效应（Living Cost Effect）和市场拥挤效应（Market Crowding Effect）。这三种效应对于产业集聚的作用方面不尽相同，本地市场效应和生活成本效应会引导企业进行集聚，以获得更高的收益，这两种效应被称为集聚力（向心力）；而市场拥挤效应则会抑制企业集聚，促使企业分散布局，这一效应被称为分散力（离心力）。

本章的模型主要着眼于回答以下两个问题：一是在贸易开放条件下，发展中国家国内的产业集聚在空间分布上会发生何种变化；二是结合中国的实际情况，沿海地区和内陆地区在地理位置上的差异会使得贸易开放对国内地区差距产生怎样的影响。

第二节　模型的假定和构造

假设经济系统中存在三个地区（r），其中两个地区是一个发展中国家内部的地区 1 和地区 2，在本模型中即指中国的沿海地区和内陆地区。另外一个地区为地区 0，为除该国以外的世界其他地区（Rest of the World，ROW）。在地区 1 和地区 2 中存在两个生产部门，一个是农产品生产部门 A，另一个是工业品生产部门 M，农业生产处于完全竞争的状态，而工业品生产则处于垄断竞争的状态，两个部门只使用一种投入——劳动。劳动力可以在国内地区之间自由流动，即在地区 1 和地区 2 之间流动，但不能跨国境流动，即不能在地区 0 和地区 1（2）之间流动。在劳动力的分布方面，我们可以将世界总的劳动力设为 L，设其中农业的劳动力总量为 $L_A = L \times (1 - \mu)$，工业的劳动力总量为 $L_M = L \times \mu$，地区 r 的工业劳动力为 $L_{Mr} = L_M \times \lambda_r$，$r = 0，1，2$。由于我们前面假定了工业劳动力只能在本国内部流动，而不能跨国境流动，所以 λ_0 是固定不变的。地区 r 的农业劳动力为 $L_{Ar} = L_A \times \theta_r$，$r = 0，1，2$。

三个地区之间可以进行相互贸易，假定在农产品的贸易过程中不存在贸易成本，而且农产品是在规模收益不变的情况下进行生产，所以各地区农民的工资水平均相等。工业品在各个地区内部进行流通时不存在贸易成本，但是在不同地区之间进行贸易时存在贸易成本，贸易成本将是本模型的重要控制变量和结构参数，通过对贸易成本的设定进而刻画中国对外贸易开放的进程，在此背景下再对产业空间分布和相应的地区发展差距问题进行考察，具体贸易成本的构成在下文会进行详细描述。

一 消费者行为

我们假定每个地区的代表性消费者的效用函数相同，每个消费者将把自己的收入用于农产品和工业制成品的消费，消费者在进行消费时会面临两个方面的决策。一方面是消费者将收入在农产品和工业制成品之间进行分配，以获得不同的效用。由于农产品是同质产品，工业制成品是差异化的产品，因此农产品的消费是同一种产品的消费，而工业品则是不同产品的组合。另一方面是消费者在对工业制成品消费进行决策时，由于工业制成品是差异化产品，每种产品带来的效用是不同的，所以消费者也需要对不同工业制成品消费量进行决策。为了同时反映这两种效用，我们使用结合 Cobb - Douglas（柯布 - 道格拉斯）消费函数和 CES（不变替代弹性）消费函数特点的效用函数，具体如下所示：

$$U = C_M^\mu C_A^{1-\mu}, \quad C_M = \left[\sum_1^n C_1^\rho \right]^{1/\rho} = \left[\sum_n^n c_i^{(\sigma-1)/\sigma} \right]^{\sigma/(\sigma-1)}, \quad 0 < \mu, \ \rho < 1, \ \sigma > 1 \ (2.1)$$

其中，C_M 和 C_A 分别表示个人消费者对于农产品和工业制成品的消费，n 表示工业制成品的消费数量，μ 表示消费者将总收入用于工业制成品支出的份额，$1-\mu$ 则表示消费者用于农产品支出的份额。

c_i 为消费者对第 i 种工业制成品的消费量。ρ 为消费者的多样化偏好程度（Love of Variety），其取值范围为 $0 \sim 1$，ρ 越接近于 0 表示消费者的多样化偏好程度越强，ρ 越接近于 1 表示消费者的多样化偏好程度越弱。σ 为制成品之间的消费替代弹性，表示消费者对不同产品的消费偏好，σ 越小，工业制成品之间的替代弹性就越小。根据一般的消费理论，σ 和 ρ 之间存在以下关系：$\sigma = 1/(1-\rho)$。

如果用 Y 来表示消费者的总收入，p_A 表示农产品价格，p_i 表示第 i 种工业制成品的价格，则该代表性消费者此时面临的预算约束为：

$$p_A C_A + \sum_1^n p_i c_i = Y \tag{2.2}$$

按照一般的处理此类问题的方法，我们分两个步骤进行求解。首先第一步，给定消费者某一工业制成品的消费组合 C_M，求解对于工业制成品支出最小的问题：

$$\min \sum_1^n p_i c_i \tag{2.3}$$

$$\text{s. t.} \quad [\sum_1^n c_i^\rho] 1/\rho = C_M$$

建立拉格朗日函数 $L = \sum_1^n p_i c_i - \lambda \left([\sum_1^n c_1^\rho]^{1/\rho} - C_M \right)$，将该函数对 c_i 求导并令其等于 0，则可以得到该消费者对于第 i 种工业制成品的消费策略为：

$$p_i = \lambda C_M^{1-\rho} c_i^{\rho-1}$$

由于下标 i 的一般性，我们同样可以求得该消费者对于第 j 种工业制成品的消费策略为：

$$p_j = \lambda C_M^{1-\rho} c_j^{\rho-1}$$

由上述两式可以得到该消费者对消费的任意两种工业制成品的价格和消费量之间的替代关系：

$$\frac{p_i}{p_j} = \frac{c_i^{\rho-1}}{c_j^{\rho-1}}, \quad \forall i, j$$

由上式可以得到 $c_i = c_j (p_i/p_j)^{1/\rho-1}$，将其代入（2.3）式中成本最小化问题的约束条件中，则可以得到：

$$C_M = [\sum_1^n c_j^\rho (p_i/p_j)^{\rho/(\rho-1)}]^{1/\rho} = c_j (1/p_j)^{1/(\rho-1)} [\sum_1^n p_i^{\rho/(\rho-1)}]^{1/\rho}$$

由此可以得到 c_j 的表达式为：

$$c_j = \frac{p_j^{1/(\rho-1)}}{[\sum_1^n p_i^{\rho/(\rho-1)}]^{1/\rho}} C_M \tag{2.4}$$

（2.4）式中的 C_M 为给定值，在工业制成品价格体系确定的情况下，分母也为常数，因此（2.4）式即为消费者对于某种工业制成品的需求函数，将（2.4）式代入目标函数中，则可以得到消费者为了获得 C_M 的消费组合，所需要花费的最小支出为：

$$E_{min} = \sum_1^n p_i c_i \left[\sum_1^n p^{\rho/(\rho-1)} \right]^{(\rho-1)/\rho} C_M$$

可以认为 $\left[\sum_1^n p^{\rho/(\rho-1)} \right]^{(\rho-1)/\rho}$ 为消费一单位 C_M 的最小支出，也就是与数量指数 C_M 对应的价格指数。定义工业制成品价格指数 P_M，则：

$$P_M = \left[\sum_1^n p^{\rho/(\rho-1)} \right]^{(\rho-1)/\rho} \tag{2.5}$$

把（2.3）式代入（2.4）式中，则工业制成品的需求函数可以简化为：

$$c_i = (p_i/P_M)^{1/(\rho-1)} C_M = (p_i/P_M)^{-\sigma} C_M \tag{2.6}$$

第二步，在总收入给定的情况下，消费者在农产品和工业制成品之间进行决策，以达到效用的最大化，即求解如下效用最大化问题：

$$\text{Max}: U = C_M^{\mu} C_A^{1-\mu}$$

$$\text{s. t. } p_A C_A + \sum_1^n p_i c_i = Y$$

该最大化问题的一阶条件为：

$$C_A = (1-\mu) Y/P_A, \quad C_M = \mu Y/P_M \tag{2.7}$$

（2.7）式给出了对农产品和给定的某种工业制成品组合的需求函数，（2.7）式中的两个式子进一步变形可以得到：

$$C_A P_A = (1-\mu) Y, \quad C_M P_M = \mu Y$$

说明消费者对于农产品的支出额为收入总额的 $(1-\mu)$，对于工业制成品支出额占收入总额的份额为 μ。把（2.7）式中的第二式代入（2.6）式，则可以得到：

$$c_i = \mu Y (p_i^{-\sigma}/P_M^{1-\sigma}) \tag{2.8}$$

二　生产者行为

所有的生产者均是在 Dixit – Stigliz 的垄断竞争模式下进行生产的，每种企业生产差异化的产品，每种差异化产品的规模收益是递增的，这种规模收益递增来源于消费者对于工业产品的多样化偏好。对于所有产品而言，生产技术是相同的，每种企业在各自的生产领域是处于垄断地位的，面临着不变弹性的需求曲线，该弹性即为消费者效用函数中的消费替代弹性 σ。虽然各厂商在各自生产领域处于垄断，但他们并不能像垄断厂商那样制定垄断价格，因为市场是完全竞争的，存在很多潜在进入者，如果制定的价格过高，就会失去市场份额。因此，厂商均采取加成定价的原则（Mark - up Pricing），均衡时企业的利润均为零。每个企业生产各自产品的固定成本均相同为 F，所需边际成本也相同为 c_m，由于劳动为本模型中唯一的投入品，所以 F 表示 F 单位的工业劳动力，c_m 表示每增加一单位产出需要投入 c_m 单位的劳动力。则企业生产 x_i 单位的工业品 i 的总劳动投入量为：

$$l_i = F + c_m x_{r,i} \tag{2.9}$$

（一）企业定价

由于企业均采用加成定价的原则来决定价格，根据已经给出的成本函数，则对于地区 r 生产第 i 种产品的企业而言，在该地区的工人劳动力工资水平为 $w_{M,r}$，其利润函数如下所示：

$$\prod\nolimits_{r,i} = p_{r,i} x_{r,i} - w_{M,r} \left(F + c_m x_{r,i} \right) \tag{2.10}$$

其中 $\prod_{r,i}$ 为利润额，x_i 为第 i 种产品的产量，企业利润达到最大时，要求（2.10）式对 x_i 的偏导为 0，即：

$$\partial \prod\nolimits_{r,i} / \partial x_{r,i} = p_n + \frac{\mathrm{d}p_n}{\mathrm{d}x_n} x_n - w_{M,r} c_m = 0 \tag{2.11}$$

因为消费者对任意一种工业品的需求价格弹性均为 $-\sigma$，即 $\dfrac{\mathrm{d}x_{ri}/x_{ri}}{\mathrm{d}p_{ri}/p_{ri}} = \sigma$，所以（2.11）式可以表示为：

$$p_{r,i} \left(1 - 1/\sigma \right) = w_{M,r} c_m$$
$$p_{r,i} = w_{M,r} c_m / \left(1 - 1/\sigma \right) \tag{2.12}$$

从（2.12）式可以看出，第 i 种产品的价格与产品种类无关，也就是所有种类的产品价格都是一致的，并不随产量变化而变化，是边际成本的加成（Mark - up）。进一步可以把上式改写为 $p_{r,i}$ $(1 - 1/\sigma)$ $= w_{M,r}c_m$，可以看出，在产品价格中，可变成本 $w_{M,r}c_m$ 所占的比重为 $1 - 1/\sigma$，固定成本所占的份额为 $1/\sigma$。

（二）企业的产量（规模）

根据模型的基本假设，各企业处于垄断竞争的市场中，其面临着与能够自由进出该市场的其他企业的竞争，所以在定价上只能采取加成定价的原则，而产品市场达到均衡时，企业的利润为零，即 $\prod_{r,i} = 0$，由（2.10）式和（2.12）式可得：

$$p_{r,i}x_{r,i} = w_{M,r} \ (F + c_m x_{r,i})$$
$$w_{M,r}c_m / \ (1 - 1/\sigma) \ x_{r,i} = w_{M,r} \ (F + c_m x_{r,i})$$

所以均衡时的产品产量（ $*$ 表示均衡值，下同） $x_{r,i}{}^* = \dfrac{F}{c_m}(\sigma - 1)$

可见各个地区的每个企业的产量与地区和企业并无关系，即企业规模都一样，所以可以去掉下标，$x_{r,i} = x$，同时每个企业的劳动需求量为：

$$l_i^* = F + c_m x = F\sigma \qquad\qquad (2.13)$$

由此地区 r 的企业的个数 $n_r = L_{M,r}/l_i^* = L_{M,r}/F\sigma$，也即地区 r 的工业制成品的种类为 $L_{M,r}/F\sigma$。

（三）在各地区之间引入贸易成本

我们的模型假设农产品和工业制成品在各地区内部流动时不需要成本，在三个地区之间进行贸易时，农产品的跨区域贸易不需要成本，而工业制成品的跨区域贸易则需要成本，按照新经济地理学的通行做法，我们选择萨缪尔森的"冰山成本"（Iceberg Cost）来进行衡量，即要使得一单位商品到达目的地，必须有大于 1 的 T 单位从产地"起运"，其中"$T - 1$"部分将在运输途中"融化"掉，这融化掉的部分就被认为是贸易成本。需要进一步说明的是，我们在此所指的贸易成本，既包括实际的运输成本、关税、非关税壁垒等显性的贸易成本，也包括如国外市场开拓费用、营销费用等无形的贸易成本（Anderson 和 Wincoop，2004）。我们假设 $p_{r,i}$ 为第 i 种产品在产地 r 地区的出厂价（Mill Price）或离岸价（FOB Price），$p_{rs,i}$ 为该产品在销售地 s 地区的销售价或到岸价（CIF Price），则两者之间存在下列关系：

$$p_{rs,i} = p_{r,i} T_{rs,i}, \text{ 其中 } r = 0, 1, 2, s = 0, 1, 2$$

对于不同地区而言，$T_{rs,i}$ 的取值如下：

$$T_{rs,i} = T \begin{cases} when \; r = 1 \; and \; s = 2 \\ or \; r = 2 \; and \; s = 1 \end{cases}$$

$$T_{rs,i} = T_{01} \; or \; T_{02} \begin{cases} when \; s = 0 \; and \; r = 1,2 \\ or \; r = 0 \; and \; s = 1,2 \end{cases}$$

下面我们分析在引入贸易成本后，各地区价格指数和需求函数的变化情况。假设各地区生产的同类产品的价格和冰山成本均相同，则地区 s 的价格指数形式如下所示：

$$P_s = \Big[\sum_{r=0,1,2} n_r \, (p_r T_{rs})^{1-\sigma} \Big]^{1/(1-\sigma)} \tag{2.14}$$

由此在地区 s，包括本地区生产和其他地区运进的所有工业品价格等于 $p_r T_{rs}$，则 s 地区消费者对于产于 r 地区的工业制成品的需求为：

$$c_{rs,i} = \mu \cdot Y_s \cdot (p_r T_{rs})^{-\sigma} P_s^{\;\sigma-1}$$

为了满足该需求，r 地区需要运出的产品数量为 $T_{rs} c_{rs,i}$，同时 r 地区的该企业还要在本地区内进行销售，由此所有三个市场对于 r 地区该企业的产品需求为：

$$q_r = \mu \cdot \sum_s Y_s \cdot (p_r T_{rs})^{-\sigma} P_s^{\;\sigma-1} T_{rs} \tag{2.15}$$

由（2.12）式可以将 p_r 表示为 $w_{M,r}$ 的函数，代入（2.14）式，可以得到：

$$w_{M,r} = \Big(\frac{\sigma - 1}{\sigma \cdot c_m} \Big) \cdot \Big(\frac{\mu}{q_r} \sum_s Y_s \cdot (T_{rs})^{1-\sigma} P_s^{\;\sigma-1} \Big)^{1/\sigma} \tag{2.16}$$

此时得到的工资水平仅仅是名义工资水平，为了衡量不同地区工人所获得的实际福利，需要将名义工资水平调整为实际工资水平，即扣除消费者价格水平的影响，所以实际工资水平 $\omega_{M,r}$ 为：

$$\omega_{M,r} = w_{M,r} \cdot P_r^{-\mu} \cdot (p_{A,r})^{\mu-1} \tag{2.17}$$

三 计量标准和单位正则化

参照一般新经济地理学建模的技巧，选定合适的计量标准和单位，将大大地方便我们的分析。首先我们假定在农业部门，单位农产品产出需要的劳动力投入量为一个单位，则 $p_A = w_A = 1$。在工业部门，我们设定边际劳动投入 c_m 满足以下条件：

$$c_m = 1 - 1/\sigma = \frac{\sigma-1}{\sigma} = \rho \tag{2.18}$$

则在市场出清时，由（2.12）式可以得到：

$$p_{r,i} = w_{M,r} \tag{2.19}$$

然后对固定成本 F 的单位进行设定以简化运算，由于本书是在 Dixit-Stigliz 框架下对于连续型变量进行讨论，所以可以设定 $F = \sigma^{-1}$，此时由（2.12）式均衡时各企业的劳动力投入为 $l_i^* = 1$，相应的各地区的企业个数为 $n_r = L_{M,r}$。

此外还可以对各地区劳动力的分布情况进行简化分析，我们将全部的劳动力 L 设定为单位1，并假定农业劳动力在各地区之间是均匀分布的，即 $L_{A0} = L_{A1} = L_{A2} = (1-\mu)/3$。各地区工业劳动力分别为 $\mu\lambda_0$、$\mu\lambda_1$ 和 $\mu\lambda_2$。

将上述参数进行简化处理和设定后，可以将价格指数的表达方式进行简化，（2.14）式可以写为：

$$P_r = \left[\frac{1}{\mu} \sum_{s=0,1,2} L_{Ms} (w_s \cdot T_{rs})^{1-\sigma} \right]^{1/(1-\sigma)} \tag{2.20}$$

相应的工资方程（2.16）可以写为：

$$w_{M,r} = \left[\mu \sum_s Y_s \cdot (T_{rs})^{1-\sigma} P_s^{\sigma-1} \right]^{1/\sigma} \tag{2.21}$$

四　市场均衡

（一）短期均衡

新经济地理学文献中，短期均衡（Short Equilibrium）又被称之为瞬时均衡（Instantaneous Equilibrium），是指各要素还未进行跨区域调整时的市场出清条件，它包括农产品和工业品两个市场的劳动力出清和产品出清。在本模型中，短期均衡由三个地区的 12 个方程组成，决定了短期各地区的收入、本地区消费的工业品的价格指数、本地区的工人名义工资和实际工资，首先我们给出各地区的收入方程。

各地区的收入包括农业部门的收入和工业部门的收入，分别为各部门的劳动力数量与各部门工资之积 $Y = w_{Ar} \times L_{Ar} + w_{Mr} \times L_{Mr}$。根据前文的假设，农产品在各区域之间流动不需要成本，所以各地区的农民工资相同，即 $w_A = w_{A0} = w_{A1} = w_{A2}$，我们选择农民工资作为计量标准，$w_A = 1$，由于假定农业劳动力在地区间均衡分布，所以各地区的收入方程分别为：

$$Y_0 = w_0 \times \mu\lambda_0 + (1-\mu)/3 \tag{2.22}$$

$$Y_1 = w_1 \times \mu\lambda_1 + (1-\mu)/3 \tag{2.23}$$

$$Y_2 = w_2 \times \mu\lambda_2 + (1-\mu)/3 \tag{2.24}$$

各地区的价格指数（2.20）可以相应地表示为：

$$P_0 = [\lambda_0 (w_0)^{1-\sigma} + \lambda_1 (w_1 T_{01})^{1-\sigma} + \lambda_2 (w_2 T_{02})^{1-\sigma}]^{1/(1-\sigma)} \tag{2.25}$$

$$P_1 = [\lambda_0 (w_0 T_{01})^{1-\sigma} + \lambda_1 (w_1)^{1-\sigma} + \lambda_2 (w_2 T)^{1-\sigma}]^{1/(1-\sigma)} \tag{2.26}$$

$$P_2 = [\lambda_0 (w_0 T_{02})^{1-\sigma} + \lambda_1 (w_1 T)^{1-\sigma} + \lambda_2 (w_2)^{1-\sigma}]^{1/(1-\sigma)} \tag{2.27}$$

对（2.25）式～（2.27）式进行分析可以验证本章开始时提出的价格指数效应/生活成本效应。对于国内地区 1 和地区 2 而言，本地区的产业集聚程度越高，即企业个数越多，另外一个地区的产业集聚程度越低，那么本地区的价格指数就越低。当劳动力份额发生转移时，其他条件不变，劳动力份额提高，地区的价格水平会降低，进而会吸引更多的工业劳动力迁入，也就是说生活成本效应会强化地理分布的不均衡。

各地区的名义工资方程此时可以表示为：

$$w_0 = \mu^{1/\sigma} \left[Y_0 P_0^{\ \sigma-1} + Y_1 T_{01}^{\ 1-\sigma} P_1^{\ \sigma-1} + Y_2 T_{02}^{\ 1-\sigma} P_2^{\ \sigma-1} \right]^{1/\sigma} \tag{2.28}$$

$$w_1 = \mu^{1/\sigma} \left[Y_0 T_{01}^{\ 1-\sigma} P_0^{\ \sigma-1} + Y_1 P_1^{\ \sigma-1} + Y_2 T^{1-\sigma} P_2^{\ \sigma-1} \right]^{1/\sigma} \tag{2.29}$$

$$w_2 = \mu^{1/\sigma} \left[Y_0 T_{02}^{\ 1-\sigma} P_0^{\ \sigma-1} + Y_1 T^{1-\sigma} P_1^{\ \sigma-1} + Y_2 P_2^{\ \sigma-1} \right]^{1/\sigma} \tag{2.30}$$

对 （2.28） 式 ~ （2.30） 式进行分析也可以得到一些有意义的结论，可以验证本地市场效应。假定各地区的价格指数不变，如果某地区的收入较高，则这一地区的名义工资率将较高。原因就在于企业能够接近较大的市场，从而能够负担得起较高的工资。这就是所谓的后向联系机制，也叫作需求效应，是对于前文分析的前向联系的一种补充。

最后由 （2.17） 式，我们可以得到制造业工人的实际工资，进而可以分析他们的福利水平，注意此时农产品价格被设定为 $p_A = w_A = 1$，则：

$$\omega_0 = w_0 \cdot P_0^{\ -\mu} \tag{2.31}$$

$$\omega_1 = w_1 \cdot P_1^{\ -\mu} \tag{2.32}$$

$$\omega_2 = w_2 \cdot P_2^{\ -\mu} \tag{2.33}$$

（二） 长期均衡

上文讨论的是短期均衡的情况，在短期均衡中，我们假定的国内两个地区之间劳动力的分布状况不发生变动，把两地区的工业劳动力比重 λ_1/λ_2 看成是给定的。但是在长期情况下却有可能因为某些外来冲击使得制造业工人的空间分布发生变动，并使得其他一系列相关变量发生改变，在此我们将讨论当工人空间分布发生变动时，长期内整个模型系统会怎样变动，最终会处于何种均衡状态。首先我们给出国内两个地区间的工人空间分布方程。在长期内，工人的空间迁徙由各地区的相对工资率决定，注意这里的工资率为实际工资率。同时由于假定工人均能够实现充分就业，各地区拥有的工人数量即等于地区内各企业雇佣的工人数，又因为本模型中各地区企业个数与企业雇佣的工人劳动力成正比，所以工人的空间分布也就决定了企业的空间分布状态。由此，工人的空间流动方程可以表示为：

$$\dot{\lambda}_r = \gamma(\omega_1/\omega_2), \quad r = 1, 2 \tag{2.34}$$

其中，λ 为国内地区 1 和地区 2 工人人数的相对比值，γ 为劳动力流动的系数。当 $\dot{\lambda}_r = 0$ 时，表明两个地区之间不存在工人的迁徙和流动，此时达到所谓的长期均衡条件。从（2.34）式给出的工人空间流动方程，我们可以发现两种类型的长期均衡，一种是内点解（$0 < \lambda < 1$），此时各地区工人的实际工资水平相等；另一种是角点解（$\lambda = 0$ 或 $\lambda = 1$），这是一种极端的状态，即工人全部集中于某一个地区。接下来我们以前文提到的三种效应为基础，分析当工人在地区 1 和地区 2 之间进行流动时，工人的福利水平和企业集聚的变动情况，我们以地区 2 的工人由于某种外部冲击而向地区 1 进行转移为例。

第一种是本地市场效应。当劳动力转移发生后，因为劳动力一般会将自己的收入在本地区进行消费，这会使得地区 1 的市场规模扩大而地区 2 的市场规模缩小。在存在交易成本且其他条件均相同的情况下，这将吸引地区 2 的企业进入地区 1 以获得更多的销售量，因为在企业定价的情况下，企业的营业利润与企业的销售额成正比，企业更倾向于进入规模较大的市场，这就是所谓的本地市场效应。同时要注意到这一过程是一种自我强化的过程，企业向地区 1 迁移，使得地区 1 制造业部门的就业增加而地区 2 的就业减少，生产活动的转移将进一步诱发消费支出的转移。而地区 1 的企业增加，就能够提供更多的就业机会，对于工业劳动力的需求要远远超过本地的劳动力供给，因此生产的转移会进一步吸引劳动力的转移。上述机制就构成了所谓的需求关联的循环累积因果关系，也被称之为后向机制。

第二种是生活成本效应。地区 2 劳动力向地区 1 的转移，将增加后者的劳动力数量而减少前者的劳动力数量。根据前文的分析，劳动力完全就业时企业生产的差异性产品的种类与劳动力数量正相关，因此工业制成品的种类 n_1 会增加，而 n_2 会减少。根据本模型中消费者效用函数的设定，工业制成品消费种类的增加会提高消费者的效用水平，而且由于当地生产的产品在本地销售无须支付交易成本，n_1 的增加和 n_2 的减少会降低地区 1 的生活成本而增加地区 2 的生活成本。同时这一过程也是一种自我强化的过程，因为地区 1 生活成本的降低会提高本地区的实际工资水平，而地区 2 生活成本的上升会减少本地区的实际工资水平，这会进一步吸引工业劳动力由地区 2 向地区 1 进行转移，进而扩大地区 1 的产品份额。上述机制就构成了成本关联的循环累积因果关系，也被称之为前向联系机制。

第三种是市场拥挤效应。由于地区 2 劳动力向地区 1 转移，因此工业

制成品的 n_1 种类会增加，而 n_2 会减少，相应的地区 1 的企业数量会增加，企业之间的竞争也会加剧，从而使得企业的利润水平下降。企业为了保持收支平衡，地区 1 的企业将不得不降低工资水平以减少生产成本，这种工资水平的降低会使地区 1 的实际工资水平低于地区 2，从而降低地区 1 对于劳动力的吸引力，促使劳动力向地区 2 回迁。这一机制会降低企业的集聚水平。上述过程与中国近年来在快速工业化和城市化进程中出现的一些现象相吻合，比如出现的所谓"逃离北上广"现象，生活成本的上升和竞争的激烈，使得部分大城市的实际工资水平相对一些二线城市而言并不具有竞争优势，很多劳动力选择去二线城市工作以获得更高的效用水平。

在明确上述三种效应机制之后，长期均衡的形成取决于这三种机制的综合作用效果，当集聚力和发散力的强度相互抵消时，劳动力市场和产品市场的长期均衡才能够形成，否则形成的均衡是局部均衡，并不具有稳定性。在两地区的封闭经济模型中，我们侧重于分析两地区之间贸易成本的变动对于集聚力、分散力以及均衡的影响。在三地区模型中，我们重点分析当国内两地区的贸易成本不变时，地区 1、地区 2 与地区 0 之间贸易成本变动（即 T_{01} 和 T_{02}）对其他变量的影响。

第三节　开放经济下的产业集聚和地区差距

封闭经济下一国国内两地区的产业集聚情况在新经济地理学早期文献中已经得到了较为系统的研究，以克鲁格曼的 CP 模型为代表的一系列模型对此问题已经进行了较为深入的探讨，在此不再赘述。

第二节中给出的（2.22）式 ~ （2.33）式均是非线性方程，难以求出各个变量的显性解，因此需要借助计算机编程进行模拟，求出数值解，在此基础之上对于模型所反映出来的一些规律进行深入分析。为了进行模拟我们将按照以下思路进行。

第一，在要求解的非线性方程组中变量个数很多，我们需要首先确定模型中的内生变量和外生变量，再进行求解。在（2.22）式 ~ （2.33）式中，每个地区的内生变量为收入水平 Y、价格指数 P 和工资水平 w（相应的实际工资水平作为内生变量也可以确定下来）。

第二，内生变量的求解依赖于外生变量和有关参数值的确定，如国内两地区的初始劳动力份额 λ_1 和 λ_2，消费者对于工业制成品的支出份额 μ，制成品之间的消费替代弹性 σ，全部劳动力 L（在前文已经把其简化为单位 1），各地区之间的贸易成本 T 和 T_{01}、T_{02}。各参数的具体选择主要依据有关经验进行，而其中贸易成本的选择将是我们的分析重点，因为本模型的目的就是为了描述当贸易成本（特别是国内各区域与国外区域的贸易成本）变动时，国内劳动力分布和地区差距的变动情况。一些主要参数的设定如表 2-1 所示。

表 2-1 模型基本参数设定表

$\mu = 0.4$	$\sigma = 5$	$\rho = 0.8$
$\lambda_0 = 1/3$	$T = 1.75$	$L = 1$

其中，$\mu = 0.4$ 和 $\rho = 0.8$ 的选择是基于理性的经验估计，工业劳动力在国内的分布将在一定范围内进行变动，比如如果两个地区的工业劳动力均匀分布，则 $\lambda_1 = \lambda_2 = 1/3$，在极端情况下如完全集中于一个地区，则 $\lambda_1 = 0$，$\lambda_2 = 2/3$ 或者 $\lambda_1 = 2/3$，$\lambda_2 = 0$。国内两地区之间的贸易成本固定为 T，国内两地区和国外的贸易成本 T_{01} 和 T_{02} 将会随着贸易开放政策的不同而变动，我们后续也将讨论这种贸易开放程度的变动对于空间分布的影响。

第三，在内生变量和外生变量及参数确定之后，根据上述非线性方程组的特点，参考递归宏观经济学的一般做法，我们采取序贯迭代（Sequential Iterations）的方法进行求解，具体过程如下：①随意选定三个地区的工资率的最初表现形式，如（$w_{0,0}$，$w_{1,0}$，$w_{2,0}$），其中 0 表示迭代的次数，一般选择初始值均为 1；②将（$w_{0,0}$，$w_{1,0}$，$w_{2,0}$）代入（2.22）式~（2.27）式，结合已经给出的外生变量和其他参数值，可以求出地区总收入（$Y_{0,0}$，$Y_{1,0}$，$Y_{2,0}$）和地区价格指数（$P_{0,0}$，$P_{1,0}$，$P_{2,0}$）；③将求出的地区总收入和地区价格指数代入（2.28）式~（2.30）式中，求出工资率新的表达形式（$w_{0,1}$，$w_{1,1}$，$w_{2,2}$）；④重复上述两步，得到不同的工资率值；⑤设定一个终止标准，对所有三个地区而言以某次工资率和下次工资率的相对变动不超过某一个很小的值 ∂ 作为条件，即 $\frac{|w_t - w_{t-1}|}{w_{t-1}} < \partial$，按照一般的做法，我们取 $\partial = 0.00001$。

第四，在确定了模拟的程序之后，我们还需对一个重要参数进行讨论，即国内两地区的劳动力分布状况 λ_1 和 λ_2，通过程序模拟可以求出模型在某个参数状态下的解，进一步的我们还将对模型的结构进行深入分析，特别是短期外生变量——λ_1 和 λ_2 发生变化时，短期均衡 (Y, P, w) 的变动情况。

第五，在贸易开放度给定时，对系统的内生变量随着国内两地区劳动力分布状况变动而变化的情况分析后，我们将进一步分析贸易开放度变动对于系统的影响，即考虑不同的 T_{01} 和 T_{02} 的变动影响。为了使本模型能够反映中国各地区由于地理位置差异而造成的对外贸易成本的不同（地区 1 为沿海地区，地区 2 为内陆地区，根据中国对外开放的实际，地区 1 相对地区 2 的对外贸易成本更低，即 $T_{01} < T_{02}$，造成这一事实的原因既包括两地区地理位置的差异，也与中国对外开放政策的非均衡性有关，当然近年来沿海地区和内陆地区在对外贸易政策上已基本不存在差异，但由于地理位置造成的运输成本差异依然存在），我们将国内地区 1 和地区 2 的对外贸易成本写为 $T_{01} = T_{01T} + \text{Tariff}$，$T_{02} = T_{02T} + \text{Tariff}$，其中 T_{01T} 和 T_{02T} 表示两个地区的自然对外贸易成本，这主要由地理位置决定，而 Tariff 表示以关税、非贸易壁垒等为代表的对外贸易成本。当贸易开放度提高时，Tariff 会下降，从而导致两地区的对外贸易成本均下降，但相对而言地区 1 的贸易成本仍将会低于地区 2。

本节将在上述模型和分析基础之上，考察不同参数设置下，贸易开放对于国内地区产业集聚的影响。与封闭经济模型有所不同，由于国内两地区的地理位置不同，国外地区 0 对于国内各地区的影响值得关注，它会影响国内地区间企业和劳动力流动的集聚力和分散力。我们同样利用前文提到的几种效应机制进行分析。从本地市场效应的角度而言，由于 $T_{01} < T_{02}$，根据（2.29）式和（2.30）式，意味着国内地区 1 相对于地区 2 有着更大的国外市场。也就是说，地区 1 的国外市场接近度要高于地区 2，这将促使地区 2 的企业向地区 1 迁移，以获得更大的国外市场份额，从而形成了地区 1 的集聚力。同时由于 $T_{01} < T_{02}$，表明地区 1 的价格指数要小于地区 2 的价格指数，说明地区 1 的企业个数更多，企业之间的竞争也就越激烈，也会促使地区 1 的企业选择迁往地区 2，以避免更激烈的竞争，从而形成了地区 1 的分散力。而国内制造业劳动力的空间分布和企业的最终集聚情况，将取决于模型各个参数的设定，下面我们将针对不同的模型参数进行分析。

一 一些基本结论

我们在前文中已经将模型的基本构架和求解的方法进行了阐述，本部分首先讨论在其他外生变量（贸易开放度和部分参数）给定的情况下，国内两地区的制造业劳动力比率 λ_i 变动时短期均衡和长期均衡的变动情况，也就是内生变量（Y，P，w）的变动情况。由于国内两地区 $\lambda_1 + \lambda_2 = 2/3$，如果给定其中一个，另外一个即可求出，我们设定 $\lambda = \lambda_1 / (\lambda_1 + \lambda_2)$，则 λ 的变动范围为 $[0, 1]$，可以完整地描述国内两地区的劳动力流动和分布变动情况。要对内生变量的变动进行分析，通过描述该内生变量随 λ 的变动即可。在上述三个内生变量中，我们重点分析两地区的实际工资比率，即 w_1/w_2，因为针对实际工资比率进行系统分析可以很好地理解模型的动态变化过程，我们记 $w = w_1/w_2$。图 2-1 表明了地区 1 的相对实际工资（w）是如何随着地区 1 的劳动力比例（λ）的变动而变化的情况。图中 λ 的值由 0 到 1 逐次变动 100 次，每次按照前文中描述的程序计算短期均衡，对内生变量进行求解，最后求得实际工资率的比值。

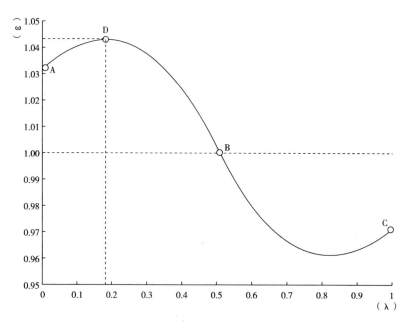

图 2-1 国内两地区实际工资比率变动图

资料来源：笔者根据 Matlab 数值模拟结果绘制。

首先我们讨论均衡的存在情况。图中曲线上的任意一点都是短期均衡点，即此时（2.22）式～（2.33）式的条件得到满足。同时根据（2.34）式，当且仅当国内两地区的实际工资率相等时，才不会存在劳动力的相互流动，所以只有当两地区的实际工资率相等时形成的短期均衡才是长期均衡。从图2-1中来看，仅有B点满足此条件，此时两地区的实际工资率为1，相应的工业劳动力也在两地区之间均匀分布。同时要注意到点A和点C，此时也是一种长期均衡的状态，不过这种状态是一种极端情况，此时国内的全部工业劳动力仅分布于1个地区（$\lambda_1 = 0$，$\lambda_2 = 2/3$ 或者 $\lambda_1 = 2/3$，$\lambda_2 = 0$），此时相对实际工资也不等于1[①]。

然后我们讨论模型的动态变化过程，能够进一步考察短期均衡和长期均衡的差异。比如以图2-1中的D点为例，此时为短期均衡点，地区1的工业劳动力人数要少于地区2，即 $\lambda < 1$。相应的 $w = w_1/w_2 > 1$，地区1的实际工资要高于地区2，会吸引地区2的劳动力向地区1迁移，相应的 λ 会增大，这一过程一直会持续到B点，此时两地区的实际工资水平均相等，劳动力人数也相等，达到了长期均衡，是一种稳定的均衡。类似的在曲线上的其他点，在实际工资率规律的作用下，也会向B点靠拢（不考虑极端值的情况）。由此可以看出短期均衡和长期均衡的差异，后者是一种稳定均衡。

二　贸易开放度变动的结构性影响

本节我们将重点考察在给定的国内贸易成本和部分参数值下，本国采取不同的贸易开放政策之后对于国内的劳动力分布和实际工资率的影响，借此可以考察贸易开放之后，国内地区发展差距的变化情况。贸易开放度的变化对于本模型的影响主要体现在贸易成本 T 上，我们前面已说过本书所指的贸易成本不仅包括传统的关税和非关税壁垒，也包括市场开拓、营销费用等无形的贸易成本，这也是模型的一个核心结构参数。图2-2给出了在不同的贸易开放度/贸易成本下，国内两地区实际工资率与两地区劳

---

① 当国内全部工业劳动力完全集中于某一个地区时，此时另外一个地区没有劳动力，因此，图2-1中的A和C是非现实的极端情况。此时，某地区工人的工资无限大，不可能达到均衡状态。

动力人数分布的关系图。我们给出了三种具有代表性的情况，即 Tariff = 1、Tariff = 0.8 和 Tariff = 0.2。

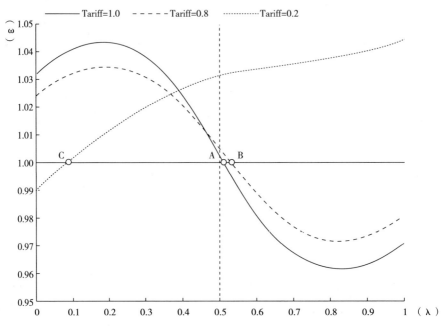

图 2 - 2　不同贸易开放度下本国国内实际工资比率变动图
资料来源：笔者根据 Matlab 数值模拟结果绘制。

当贸易开放度较低的时候（Tariff = 1），实际工资比率曲线与 $w = 1$ 线相交于 A 点，根据上文分析，此点是一个稳定的长期均衡点，即国内两地区在 A 点实现了长期均衡。在 A 点，两地区的实际工资率是相等的，劳动力却并不是均匀分布的[1]。此时地区 1 的劳动力人数要略微多于地区 2，造成这一现象的直接原因在于地区 1 拥有相对优势的地理位置和相对较低的对外贸易成本。进一步分析，我们认为这是由于国外地区 0 的存在使得封闭经济中国内两地区的前向联系和后向联系被削弱了。Crozet 和 Koenig - Soubeyran（2004）指出，国外地区的出现可以通过供给和需求两个渠道对

---

[1]　注意此处与 Paluzie（2001）等文的区别，在该文中由于国内两地区的地理位置是对称的，即 $T_{01} = T_{02}$，所以实际工资率曲线与 $w = 1$ 的交点均对应着工业劳动力在国内均匀分布。而本书中由于两个地区的地理位置并不对称，所以对应的交点并不是劳动力在国内均匀分布的状况。

国内产业的空间分布产生影响。一是由于存在海外市场，当经济体系面临外来冲击时，国内厂商迁入国内其他地区的动机会下降，因为此时国内需求的波动可以部分地由国外市场的需求来替代，也就是国内的本地市场效应降低①。二是由于存在国外的厂商，能够为国内消费者提供更多的差异化产品，国内消费者面临外来冲击时向国内其他地区迁移的动机也相应减弱，也就是国内的生活价格指数效应受到影响。

由于海外市场的存在，对于国内厂商来讲，其面临的市场需求也会扩大，从而国内厂商之间的竞争程度会减弱，相应的市场竞争效应也被减弱。同时由于国内两个地区的地理位置和相应的贸易成本不同，地区 0 对于国内地区 1 形成的集聚力大于离心力，从而使得国内地区 1 的市场整体容量更大（国内市场和更大的国外市场），国内的厂商在均衡的时候也就倾向于在市场较大的地区 1 进行布局。

当贸易开放度提高时（Tariff = 0.8），实际工资比率曲线与 w = 1 的线相交于 B 点，此点为一个长期均衡点。相对于贸易开放度较低（A 点的情况），我们从两个方面来考察变动特点。一是从国内劳动力的分布状况来看，贸易开放度的提高使得国内劳动力的长期均衡点从 A 点向右移动到 B 点，也就意味着工业劳动力继续由地区 2 向地区 1 迁移，相应的企业也会向着地区 1 进一步集聚。根据上文 Crozet 和 Koenig – Soubeyran（2004）的结论，我们认为造成这一现象的原因在于贸易开放度的提高，国外地区 0 对于国内地区 1 产业集聚的向心力和离心力均在增加，但由于贸易开放度提高的程度有限，向心力的作用力度相对更大，使得稳定的长期均衡向右移动到了 B 点，而没有出现"中心－外围"的产业分布格局。二是从国内两地区的相对实际工资率来看，在 B 点左边的短期均衡中地区 1 有着更高的实际工资值，也就意味着地区 1 有着更高的福利水平，在 B 点右边的短期均衡则正好相反。同时我们也关心与 Tariff = 1 时的实际工资率进行比较，由图 2 - 2 可以看出，Tariff = 1 的曲线一直位于 Tariff = 0.8 的曲线的外侧，即表明 Tariff = 0.8 的曲线所表示的国内两地区的实际工资差异要小于 Tariff = 1 的曲线所表示的国内两地区的工资差异，说明当经济由相对封闭

---

① Crozet, M., and Pamina K., "EU Enlargement and the Internal Geography of Countries", *Journal of Comparative Economics*, 2004, Vol. 32 (2), pp. 265 – 279.

转向贸易开放之后，国内地区间的收入差异（或者说本书所关注的地区差距）出现了缩小的变动趋势，这一发现与中国改革开放之初的实际情况是相吻合的①。

当贸易开放度进一步提高时（Tariff = 0.2），实际工资比率曲线与 $w = 1$ 线相交于 C 点，与 A 点和 B 点明显不同，此时是一个不稳定的均衡，也就是会形成所谓的"中心 – 外围"模式。如果初期的国内劳动力分布位于 C 点右边，则由于地区 1 具有足够的贸易成本优势，地区 1 的本地市场效应和价格指数效应要高于市场竞争效应，也就是使得地区 1 的向心力要大于离心力，在循环累积作用下不断吸引地区 2 的企业迁移到地区 1，使地区 1 成为全国的产业中心。相应的，即使地区 2 在期初拥有一定的本地市场优势和生活成本优势（即 λ 位于 C 点和 0.5 之间），也会随着贸易自由化的深入、相对贸易成本的提高而失去对企业的吸引力。如果期初国内劳动力的分布位于 C 点左边，此时地区 2 的本地市场优势和生活成本优势足够大，可以抵消由不利的地理位置而形成的贸易成本劣势，并会进一步增强自己的优势，形成以地区 2 为中心的"中心 – 外围"模式。而结合中国的实际情况，东部沿海地区由于历史、自然条件、区位等各方面的原因，分布着占中国大部分比重的人口和工业，也就是说期初的 λ 位于 C 点右边，随着贸易开放程度的持续深入，当达到一定的程度时，会在东部地区形成较为显著的产业集聚，扩大了东部地区和内陆地区的差异。而这正是 20 世纪 90 年代初中国进一步扩大对外开放之后所发生的实际情况，本来有所减小的地区差距在深化开放之后反而持续扩大。

为了进一步考察"中心 – 外围"效应，我们给出 $\lambda = 2/3$ 时，贸易开放度 Tariff 变动与国内两地区实际工资之比的相对关系，如图 2 – 3 所示。此时的基本参数为 $\mu = 0.4$，$\sigma = 6$，$T = 1.75$，$\lambda_0 = 1/3$，$\lambda_1 = 4/9$，$\lambda_2 = 2/9$，$T_{01} = 1$，$T_{02} = 1.2$。图 2 – 3 报告了在维持两国人口总量为 1 的假设前提下，λ_0 表示国外人口是国内人口的倍数。若 $\lambda_0 = 2$，表示国外人口数是国内两地区人口数的 2 倍，即国外的人口总数为 2/3，国内两地区的人口总数为 1/3。λ_0 的其他值依此类推。其他参数值的设置与图 2 – 3 中相同。总的

---

① 详见本书第六章第二节。

来看，在不同的 λ_0 参数设定下，随着贸易开放度的提高，ω 曲线都呈现出先下降后上升的趋势。也就是说，随着贸易自由化的逐渐深入，国内地区间的实际收入差距随之出现先缩小后变大的 U 形特征。这和中国地区间的收入差距变化是一致的[①]。

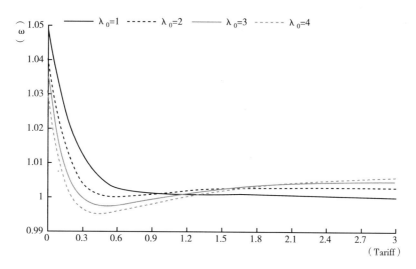

图 2-3　国外市场规模变化与本国国内实际工资比率变动图
资料来源：笔者根据 Matlab 数值模拟结果绘制。

当贸易开放度较低时（Tariff≥2），如果面临较大的国外市场规模（如 $\lambda_0=4$），相比其他情况，国内两地区间实际收入差距会较大，在图 2-3 中表现为 $\lambda_0=4$ 的曲线在横轴右端处于其他曲线的最上面，表明较大的海外市场规模在国内开放度较低时会导致国内地区间收入差距较大。随着贸易开放度的提高，地区间实际收入差距迅速减小，当 Tariff≤1.26 时，$\lambda_0=4$ 的曲线在横轴左端处于其他曲线的最下方，表明在自由化中期阶段，国内两地区得益于向较大的海外市场出口，国内地区间收入差距缩小，并且在 Tariff=0.45 时达到最小值。此后，随着贸易自由化的进一步深入（Tariff<0.45），地理位置差异会导致"中心-外围"模式形成，但国内地区间实际收入差距比其他情况下（海外市场规模较小，$\lambda_0<4$）的收入差距要小。当国外市场规模和国内市场规模大小相等时（$\lambda_0=1$），国内地

[①]　见本书第六章第二节。

区间实际收入差距在贸易自由化程度较低时是最小的，而在贸易自由化程度较高时是最大的。

三 地理差异程度与地区差距

地理差异程度本身也会对产业分布产生重大影响。图2-4报告了贸易自由化程度较低时（Tariff = 0.2）两种地理优势下的数值模拟结果。其中实线和虚线分别表示地理差异程度较小和较大两种情况。容易看出，当国内两地区在对外贸易中的地理优势差异较小时，国内仍能形成均衡分布，只是此时地区1已经是高收入地区；反之，若差异过大则极有可能形成"中心－外围"的结构。

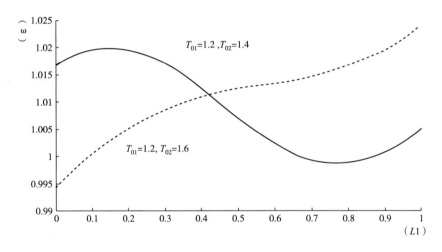

图2-4 地理差异程度与区域间实际工资比

资料来源：笔者根据 Matlab 数值模拟结果绘制。

四 其他参数变动的结构性影响

与上文中分析对外贸易成本变动对于模型结构性变动的影响类似，我们可以进一步分析工业制成品替代弹性 σ 和消费者将总收入用于工业制成品支出的份额 μ 对于模型短期均衡的影响情况。图2-5给出了 σ 变动（分别等于4、5、6、7、8）时，国内两地区的产业工人分布比 λ 与两地区的实际工资率之比 w 的关系图，基本参数如表2-1所示，Tariff = 1。σ 越小，表明工业制成品之间的消费替代弹性就越小，代表性消费者不愿意用一种商品替换另一种商品，反之亦然。首先 σ 的变动对于系统长期均衡并无明显的影响，对比图 2-1 可以看出，虽然 σ 发生了较大的波动，但当对外贸易开放度不变时（Tariff = 1），系统的长期均衡解仍然发生在 $\lambda = 1$ 的位置，仅当 $\sigma = 4$，模型进入"中心－外围"的模式。其次我们进一步分析这种格局出现的原因，σ 越小，某种特定制造产品对于消费者的吸引力也就越大，工业制成品生产也就更倾向于向一个地区集中，所以当 $\sigma = 4$（当 σ 取更小值时，结果仍然显示出"中心－外围"模式），工业品生产会向一个地区集中，呈现出极端值的情况。而当 σ 较大时，工业生产的分布将会是一个均匀分布的情况，而且这一分布是稳定的。

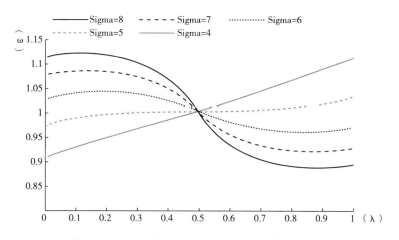

图 2-5　sigma 波动时本国的实际工资比率变动图

资料来源：笔者根据 Matlab 数值模拟结果绘制。

图 2-6 给出了 μ 变动（分别等于 0.7、0.6、0.5、0.4、0.3）时，国内两地区的产业工人分布比 λ 与两地区的实际工资率之比 ω 的关系图，基本参数如表 2-1 所示，Tariff = 1。当 μ 下降时，消费者对于工业制成品的支出份额会下降，对于农产品的支出份额会上升。而由于模型中设定农业部门不会发生跨区域的流动，工业会发生跨区域流动，此时当用于工业制成品的支出份额减少时，可流动的工业部门对于总收入的影响就会下降，相对而言消费者收入更多地由不可流动的农业部门来决定，也就是说，消费者的收入在受到外来冲击影响时，其波动的程度会减弱，所形成的均衡

较为稳定。比如当 $\mu = 0.7$ 和 $\mu = 0.6$ 时，最终都会形成"中心－外围"的格局，而 $\mu = 0.4$ 和 $\mu = 0.3$ 时，在 $\lambda = 0.5$ 处会形成稳定均衡。

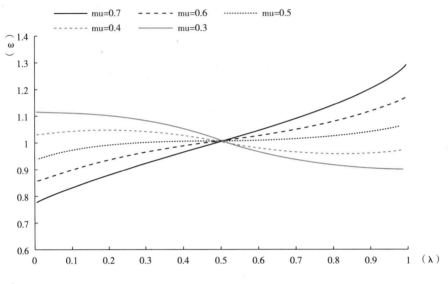

图 2－6　mu 波动时本国国内实际工资比率变动图

资料来源：笔者根据 Matlab 数值模拟结果绘制。

第四节　本章小结

本章在以往新经济地理学模型基础之上，构建了一个"两国三地区"的一般均衡模型，成功地分析了在贸易开放条件下，厂商（产业）集聚与地区差距的动态演变关系。由于模型无法得到解析解，我们采取序贯迭代的方法通过 Matlab 编程进行模拟。与 Paluzie（2001）的模型相比，我们刻画了国内两地区在地理位置上的不同特征，而不是认为两地是对称的，使模型设定更为符合中国的实际。分析的重点是考察在不同贸易开放度条件下，本国产业空间布局的变化情况，通过控制贸易开放度变量（Tariff），模拟出劳动力分布和实际工资率之间的变动关系。此外，我们还考察了其他结构性参数变动对于模型均衡结果的影响。从模型中得到了以下主要结论。

一是贸易开放将明显改变以往封闭经济下的产业空间分布格局，均衡时的结果取决于封闭经济下的产业分布状态。如果封闭经济下产业在地区间均衡分布（两个地区对称），则开放之后的集聚将由偶然性因素决定。如果封闭经济下产业本身在某一区域相对集中，则具有地理优势的地方往往会成为中心区域。

二是贸易开放与地区差距的变化是一个动态的过程，呈现出 U 形曲线关系。当经济由相对封闭转向开放之初，国内地区间的收入差异（或者说本书所关注的地区差距）出现了缩小的变动趋势，这一发现与中国改革开放之初的实际情况是相吻合的。随着对外贸易开放程度的持续深入，当达到一定的程度时，会在东部地区形成较为显著的产业集聚，从而扩大东部地区和内陆地区的差异。

三是国内地理差异程度本身也会对产业分布产生重大影响。当国内两地区在对外贸易中的地理优势差异较小时，国内仍能形成均衡分布；若差异过大则极有可能形成"中心 - 外围"的结构。

四是消费者的多样化偏好越强（工业制成品替代弹性 σ 越小），越有可能形成"中心 - 外围"的结构；多样化偏好较弱时，将极有可能形成稳定的均匀分布结构。而当工业制成品支出份额 μ 减少时，可流动的工业部门对于总收入的影响就会下降，相对而言消费者收入更多地由不可流动的农业部门来决定，也就是说，消费者的收入在受到外来冲击影响时，其波动的程度会减弱，所形成的均衡较为稳定。

当然需要说明的是本书模型的重点仅仅是考察贸易开放对于厂商（产业）集聚以及相应的地区差距的影响，有以下两点不足。第一，本书的模型没有考虑到结构转换效应。本书模型中工人的流动只存在于国内制造业行业两地区之间的流动，而不能实现农业劳动力向制造业的流动，即配第 - 克拉克定理在此不能发挥作用。不能实现结构转换效应的原因在于效用函数的设定，典型消费者的 Cobb - Douglas 效用函数是无法实现结构转换效应的。第二，没有考虑到政府区域发展政策对于地区差距的影响。从中国区域经济社会发展的实践来看，无论是计划经济时期实施的"三线建设"，还是改革开放以后实施的地区非均衡发展的政策，抑或是近年来实施的"推进西部大开发""振兴东北地区等老工业基地""促进中部崛起"等政策，政府的区域发展政策和战略对于国内区域产业布局会有较为显著的作用。因此本书模型此后进一步发展完善的重要方向就是寻找一个新的效用函数,并将政府的区域发展政策作为一个外生变量引入模型中,使模型更接近于中国产业发展和区域发展的实际。

本章附录

Program for 图 2 - 1

clear;clc　%清除系统中已存在变量

mu = 0.4;Sigma = 6;T = 1.75;T01 = 1.8;T02 = 2;%给出部分参数值,此时本国的对外贸易开放度 Tariff = 0.8,国内地区 1 由于地理位置优势有着较高的贸易开放度。

for　m = 1:1:101;

a = linspace (0, 1, 101);

lambda0 (m) = 1/3;lambda1 (m) = (2/3) × a (m);lambda2 (m) = 2/3 - lambda1 (m);%给出三个地区的工业劳动力分布情况,其中国外地区 0 的劳动力比率保持不变一直为 1/3,国内地区 1 的劳动力比率在 [1/3, 2/3] 之间,相应的地区 2 的劳动力比率在 [1/3, 2/3] 之间。

W0 (m, 1) = 1;W1 (m, 1) = 1;W2 (m, 1) = 1;%猜测三地区的初始工资率水平均为 1。

for n = 2:1:1000;%设定迭代的次数为 1000 次。

Y0 (m, n) = lambda0 (m) × mu × W0 (m, n - 1) + 0.5 × (1 - mu);%地区 0 的收入方程　(2.22);

Y1 (m, n) = lambda1 (m) × mu × W1 (m, n - 1) + 0.5 × (1 - mu);%地区 1 的收入方程　(2.23);

Y2 (m, n) = lambda2 (m) × mu × W2 (m, n - 1) + 0.5 × (1 - mu);%地区 2 的收入方程　(2.24);

P0 (m, n) = (lambda0 (m) × (W0 (m, n - 1)) ^(1 - sigma) + lambda1 (m) × (W1 (m, n - 1) × T01) ^(1 - sigma) + lambda2 (m) × (W2 (m, n - 1) × T02) ^(1 - sigma)) ^(1/ (1 - sigma));

　%地区 0 的价格指数方程 (3.25);

P1 (m, n) = (lambda0 (m) × (W0 (m, n－1) × T01) ^(1－sigma) + lambda1 (m) × W1 (m, n－1) ^(1－sigma) + lambda2 (m) × (W2 (m, n－1) × T) ^(1－sigma)) ^(1/ (1－sigma))；　% 地区 1 的价格指数方程 (2.26)；

P2 (m, n) = (lambda0 (m) × (W0 (m, n－1) × T02) ^(1－sigma) + lambda1 (m) × (W1 (m, n－1) × T) ^(1－sigma) + lambda2 (m) × W2 (m, n－1) ^(1－sigma)) ^(1/ (1－sigma))；　% 地区 2 的价格指数方程 (2.27)；

W0 (m, n) = (Y0 (m, n) × P0 (m, n) ^(sigma－1) + Y1 (m, n) × (P1 (m, n) /T01) ^(sigma－1) + Y2 (m, n) × (P2 (m, n) /T02) ^(sigma－1)) ^(1/sigma)；　% 地区 0 的名义工资方程 (2.28)；

W1 (m, n) = (Y0 (m, n) × (P0 (m, n) /T01) ^(sigma－1) + Y1 (m, n) × P1 (m, n) ^(sigma－1) + Y2 (m, n) × (P2 (m, n) /T) ^(sigma－1)) ^(1/sigma)；　% 地区 1 的名义工资方程 (2.29)；

W2 (m, n) = (Y0 (m, n) × (P0 (m, n) /T02) ^(sigma－1) + Y1 (m, n) × (P1 (m, n) /T) ^(sigma－1) + Y2 (m, n) × P2 (m, n) ^(sigma－1)) ^(1/sigma)；　% 地区 2 的名义工资方程 (2.30)。

if (abs (W0 (m, n) － W0 (m, n－1)) /W0 (m, n－1) > 0.00001&abs (W1 (m, n) － W1 (m, n－1)) /W1 (m, n－1) > 0.00001&abs (W2 (m, n) － W2 (m, n－1)) /W2 (m, n－1) > 0.00001)；

W0 (m, n＋1) = W0 (m, n)；

W1 (m, n＋1) = W1 (m, n)；

W2 (m, n＋1) = W2 (m, n)；　% 给出迭代的终止条件。

else

end

end

W0 (m) = W1 (m, 1000) × P0 (m, 1000) ^(－mu)；% 地区 0 的

实际工资方程（2.31）；

w1（m）=W1（m，1000）×P1（m，1000）^（-mu）;%地区1的实际工资方程（2.32）；

w2（m）=W2（m，1000）×P2（m，1000）^（-mu）;%地区2的实际工资方程（2.33）；

ratio（m）=w1（m）/w2（m）;%求出地区1和地区2的实际工资比率。

lambda（m）=lambda1（m）/（lambda1（m）+lambda2（m））;%求出地区1和地区2的工人比率λ。

end

plot（lambda，ratio）;%绘制地区1和地区2的实际工资率之比w与两地区工业劳动力人数之比λ的关系图。

Program for 图 2 - 2

以图2-1相应的程序为基础程序，根据 Tariff 取值的不同，对 T_{01} 和 T_{02} 的值进行相应调整。首先，当贸易开放度较低，Tariff = 1 时，地区1和地区2的对外贸易成本分别为 T_{01} = 1.8，T_{02} = 2；当贸易开放度提高，Tariff = 0.8 时，地区1和地区2的对外贸易成本分别为 T_{01} = 1.6，T_{02} = 1.8；当贸易开放度进一步提高，Tariff = 0.2 时，地区1和地区2的对外贸易成本分别 T_{01} = 1；T_{02} = 1.2。其次，将不同的 T_{01} 和 T_{02} 分别代入基础程序中，得到不同的实际工资率比值 w，最后将不同的 w 绘制到同一张图中即得到图2-2。

Program for 图 2 - 3

clear；clc %清除系统中已存在变量。

mu = 0.4；sigma = 6；T = 1.75； %给出部分参数值，此时本国的对外贸易开放度 Tariff = 1，国内地区1由于地理位置优势有着较高的贸易开放度。

for m = 1：1：101；

a = linspace（0，1，101）；

b = linspace（0，3，101）;%关税率

lambda0（m）=2/3；lambda1（m）=1/3a（m）；lambda2（m）=

1/3 (1 - lambda1 (m));% 给出三个地区的工业劳动力分布情况，其中，国外地区 0 的劳动力比率保持不变，一直为 2/3，国内地区 1 的劳动力比率在 [0, 1/3] 之间，相应的地区 2 的劳动力比率在 [0, 1/3] 之间。

W0 (m, 1) = 1; W1 (m, 1) = 1; W2 (m, 1) = 1;% 猜测三地区的初始工资率水平均为 1。

T01 (m) = 1.2 + b (m); T02 (m) = 1.4 + b (m);

for n = 2：1：1000；% 设定迭代的次数为 1000 次。

Y0 (m, n) = lambda0 (m) × mu × W0 (m, n - 1) + 0.5 × (1 - mu);% 地区 0 的收入方程 (2.22)；

Y1 (m, n) = lambda1 (m) × mu × W1 (m, n - 1) + 0.5 × (1 - mu);% 地区 1 的收入方程 (2.23)；

Y2 (m, n) = lambda2 (m) × mu × W2 (m, n - 1) + 0.5 × (1 - mu);% 地区 2 的收入方程 (2.24)；

P0 (m, n) = (lambda0 (m) × (W0 (m, n - 1)) ^(1 - sigma) + lambda1 (m) × (W1 (m, n - 1) × T01 (m)) ^(1 - sigma) + lambda2 (m) × (W2 (m, n - 1) × T02 (m)) ^(1 - sigma)) ^(1/ (1 - sigma));

% 地区 0 的价格指数方程 (2.25)；

P1 (m, n) = (lambda0 (m) × (W0 (m, n - 1) × T01 (m)) ^(1 - sigma) + lambda1 (m) × W1 (m, n - 1) ^(1 - sigma) + lambda2 (m) × (W2 (m, n - 1) × T) ^(1 - sigma)) ^(1/ (1 - sigma))；　% 地区 1 的价格指数方程 (2.26)；

P2 (m, n) = (lambda0 (m) × (W0 (m, n - 1) × T02 (m)) ^(1 - sigma) + lambda1 (m) × (W1 (m, n - 1) × T) ^(1 - sigma) + lambda2 (m) × W2 (m, n 1) ^(1 - sigma)) ^(1/ (1 - sigma))；　% 地区 2 的价格指数方程 (2.27)；

W0 (m, n) = (Y0 (m, n) × P0 (m, n) ^(sigma - 1) + Y1 (m, n) × (P1 (m, n) /T01 (m)) ^(sigma - 1) + Y2 (m, n) × (P2 (m, n) /T02 (m)) ^(sigma - 1)) ^(1/sigma)；　% 地区 0 的名义工资方程 (2.28)；

W1 (m, n) = (Y0 (m, n) × (P0 (m, n) /T01 (m)) ^(sigma -

1) +Y1（m, n）×P1（m, n）^（sigma－1）+Y2（m, n）×（P2（m, n）/T）^（sigma－1））^（1/sigma）； % 地区 1 的名义工资方程（2.29）；

W2（m, n）=（Y0（m, n）×（P0（m, n）/T02（m））^（sigma－1）+Y1（m, n）×（P1（m, n）/T）^（sigma－1）+Y2（m, n）×P2（m, n）^（sigma－1））^（1/sigma）； % 地区 2 的名义工资方程（2.30）；

if（abs（W0（m, n）－W0（m, n－1））/W0（m, n－1）> 0.00001&abs（W1（m, n）－W1（m, n－1））/W1（m, n－1）> 0.00001&abs（W2（m, n）－W2（m, n－1））/W2（m, n－1）> 0.00001）；

W0（m, n＋1）=W0（m, n）；

W1（m, n＋1）=W1（m, n）；

W2（m, n＋1）=W2（m, n）； % 给出迭代的终止条件

else

　end

end

w0（m）=W1（m, 1000）×P0（m, 1000）^（－mu）;% 地区 0 的实际工资方程（2.31）；

w1（m）=W1（m, 1000）×P1（m, 1000）^（－mu）;% 地区 1 的实际工资方程（2.32）；

w2（m）=W2（m, 1000）×P2（m, 1000）^（－mu）;% 地区 2 的实际工资方程（2.33）；

ratio（m）=w1（m）/w2（m）;% 求出地区 1 和地区 2 的实际工资比率。

lambda（m）=lambda1（m）/（lambda1（m）＋lambda2（m））;% 求出地区 1 和地区 2 的工人比率 λ。

end

plot（b, ratio）;% 绘制地区 1 和地区 2 的实际工资率之比 w 与关税率 b 的关系图。

对 lambda0 取值进行相应的调整，使其分别取 1/2、2/3、3/4、4/5

时，考察国外市场规模 lambda0 变化，本国国内实际工资比率 w 如何随关税率 tariff 变动而变动。将上述程序运行 4 次，最后将不同的 w 绘制到同一张图中即得到图 2 - 3。

Programfor 图 2 - 4

以图 2 - 1 相应的程序为基础程序，基本参数如表 2 - 1 所示，Tariff = 1，针对不同的地理差异，分别取 $T_{01} = 1.2$、$T_{02} = 1.4$ 和 $T_{01} = 1.2$、$T_{02} = 1.6$，从而得到在不同地理差异的情况下，国内两地区的实际工资率之比 w 与两地区产业工人分布比 λ 的变动关系，最后将不同的 w 绘制到同一张图中即得到图 2 - 4。

Program for 图 2 - 5

以图 2 - 1 相应的程序为基础程序，基本参数如表 2 - 1 所示，Tariff = 1，只是对 λ 的取值进行相应调整，使其分别取 4、5、6、7、8 时，来考察国内两地区的产业工人分布比 λ 与两地区的实际工资率之比 w 的变动关系，最后将不同的 w 绘制到同一张图中即得到图 2 - 5。

Program for 图 2 - 6

以图 2 - 1 相应的程序为基础程序，基本参数如表 2 - 1 所示，Tariff = 1，只是对 μ 的取值进行相应调整，使其分别取 0.3、0.4、0.5、0.6、0.7 时，考察国内两地区的产业工人分布比 λ 与两地区的实际工资率之比 w 的变动关系，最后将不同的 w 绘制到同一张图中即得到图 2 - 6。

第三章

中国地区间对外贸易的差异分析

1979 年至今的 30 多年时间里，中国的对外开放由点到面、从东到西，形成了"经济特区—沿海港口城市—经济技术开发区—沿海经济开放区—内地"的全方位、宽领域、深层次的对外开放格局。以开放促改革和发展是中国 30 多年来阶级社会发展最成功的经验，对外开放为改革和制度创新输入了外部经济力量和动力，渐进式开放与渐进式改革相互配合、相互促动，以积极应对全球化的挑战推进国内改革，以国内改革引致的成果来积极参与全球化和分享全球化的成果。

具体来说，改革开放以来的历程可以分为以下三个阶段：1979～1991 年，"部分让利"初始开放阶段；1992～2000 年，"互利"全面开放阶段；2001 年至今，迈向"共赢"开放型经济阶段。因此，本章后面的分析在时间点的选取上以上述阶段划分为标准。

第一节　中国对外贸易的总体描述

一　数据来源与相关说明

首先对本节与本章需要用到的变量与相关区域划分做相关说明与定义。各省、自治区、直辖市（以下简称省区）年底人口数、按经营单位所在地分进出口总额，1980～2008 年数据来源于《新中国六十年统计资料汇编》，2009～2010 年数据来自《中国统计年鉴》。其中，陕西 1980～1984 年，海南 1980～1986 年的进口数据来源于《陕西统计年鉴 1986》和《海南统计年鉴 1990》中"对外贸易各类商品收购总额"，出口数据来源同上。

人民币对美元平均汇率数据来自中经网。

重庆由于早期数据缺失，为了保证数据的连贯与一致性，将四川与重庆数据合并共 30 个省区。东部地区包括的省（自治区、直辖市）为：北京、天津、河北、辽宁、山东、上海、江苏、浙江、广东、福建、海南；中部地区包括的省（自治区、直辖市）为：吉林、黑龙江、河南、山西、湖北、湖南、安徽、江西；西部地区包括的省（自治区、直辖市）为：云南、贵州、四川（重庆 + 四川）、广西、内蒙古、陕西、甘肃、青海、宁夏、新疆、西藏。

二 中国对外贸易的总体描述

改革开放以来，中国经济增长和对外贸易都取得了令人瞩目的成就，如图 3 - 1 所示。1979 年中国出口贸易额占世界出口贸易额的比重为 0.8%，居世界第 32 位。而到了 2009 年，中国出口贸易额首次位居世界第一，占世界出口额的比重为 9.62%。2010 年和 2011 年这一比例分别为 10.4% 和 10.38%，仍然位居世界第一。2010 年和 2011 年中国的进口额占世界进口额的比例分别为 9.1% 和 9.43%，均位居世界第二①。

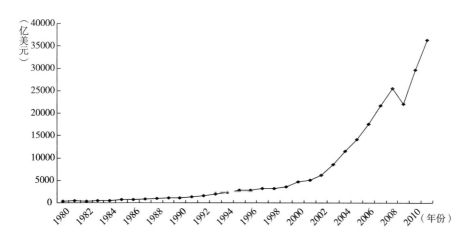

图 3 - 1　1980 ~ 2011 年中国对外贸易进出口总额
资料来源：《中国统计年鉴》和《中华人民共和国 2011 年国民经济和社会发展统计公报》。

---

① 资料来源：International Trade Statistics，WTO。

截至 2011 年,按经营单位所在地分,中国对外贸易出口额为 18986 亿美元,进口额为 17435 亿美元,进出口总额为 36421 亿美元,顺差约为1551 亿美元。1979～2011 年,中国对外贸易进出口总额按名义值计算增长了约 123 倍,几何增长率为 38.8%,算术平均增长率为 16.9%。

1980～2010 年,中国对外贸易商品结构大幅优化,如图 3-2 所示。初级产品对外贸易额的比例从 1979 年的约 40% 下降到 2002 年阶段性低点的 12.5%,此后由于国际大宗商品如铁矿石、原油等价格上涨,中国初级产品对外贸易额的比例有所上升。一个明显的例证是,美国次贷危机后全球经济增长乏力,铁矿石、原油等初级产品价格低落,2009 年初级产品对外贸易额的比例降到整个期间的最低点 10.8%,与此相对应的,工业品对外贸易额的比例接近 90%。

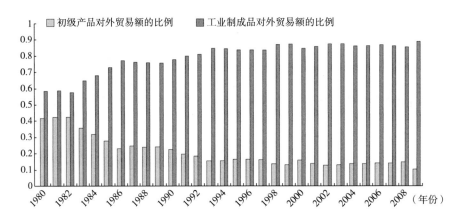

图 3-2 1980～2009 年中国对外贸易商品结构
资料来源:中经网数据库。

在对外贸易方式方面,随着中国对外开放的深入,改革开放初期一直到 1993 年,一般贸易的比重逐渐下降,加工贸易的比重逐渐上升,在1993 年两者的比重几乎相等,这说明中国在逐渐融入全球化的过程,依靠丰富的廉价劳动力资源而大力发展劳动力密集型出口加工贸易(见图3-3)。1994～2010 年,除 2008 年外,加工贸易的比重一般都高于一般贸易,几乎占据中国对外贸易的半壁江山。一般贸易的比重到 1996 年下降到整个期间的最小值 35.3%,此后逐渐回升,于 2011 年首次突破 50%。

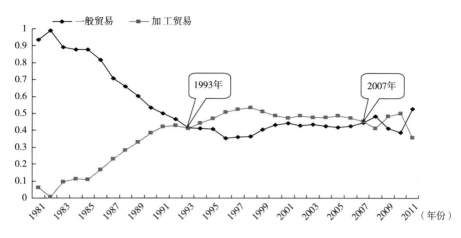

图 3 - 3　1981～2011 年中国对外贸易方式

资料来源:《中国统计年鉴》和《中华人民共和国 2011 年国民经济和社会发展统计公报》。

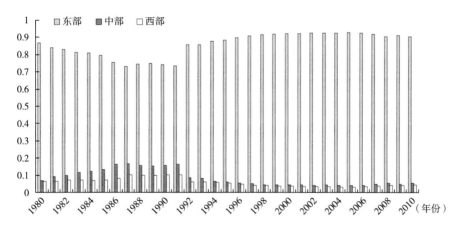

图 3 - 4　1980～2010 年东、中、西部对外贸易额的比重

资料来源:《中国统计年鉴》。

中国对外贸易的一个显著特征是:绝大部分的对外贸易额集中在东部沿海省区,如图 3 - 4。从图 3 - 4 中可以观察到,东、中、西部对外贸易额占全国贸易总额的比重在 1992 年发生了跳跃,中、西部的比重从 1991 年的 16.2%、10.3% 分别下降到 1992 年的 8.5%、5.96%,下降了几乎一半;此后,东部对外贸易额占全国贸易总额的比重缓慢上升,并徘徊在 90% 左右。

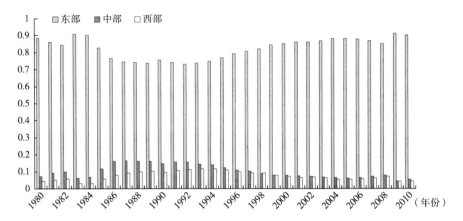

图 3 - 5　1980 ~ 2010 年东、中、西部出口贸易额的比重
资料来源:《中国统计年鉴》。

对比图 3 - 5 和图 3 - 6,东部省区进口贸易额占全国出口贸易总额的比重大于其出口贸易额占全国的比重,这可能和改革开放以来中国出口导向型的经济增长模式有关,即东部沿海省区凭借优越的地理位置,在改革开放后大力发展"三来一补"的加工型贸易,而中西部地区发展加工贸易不具有成本优势,于是出口具有比较优势的产品和资源型产品。

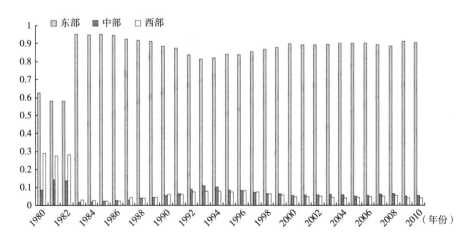

图 3 - 6　1980 ~ 2010 年东、中、西部进口贸易额的比重
资料来源:《中国统计年鉴》。

虽然"中国制造"席卷全球,但是中国出口产品的技术含量如何呢?

姚洋和张晔（2008）利用 1992 年、1997 年和 2002 年的投入产出表测算出各种产品的国内技术含量，他们发现：第一，全国和江苏省的国内技术含量确实有下降趋势，而且下降速度很快；中国出口产品的整体技术含量相对于世界先进水平并没有提高，同时产品国内技术含量迅速下降。第二，广东省的产品国内技术含量无论是在省级层次上，还是在部门层次上都呈现出先下降、后上升的 V 型动态变化。相对于早期的国内技术含量指数下降过程而言，后期的回升过程要来得缓慢得多，而且越是高技术含量的行业越是如此。该发现可能说明，中国的产品国内技术含量要越过 V 型曲线的拐点出现上升趋势，仍然存在诸多障碍，尤其是在那些高技术的产业部门中。但是他们也承认在该研究中把所有的进口品都当作中间投入品会低估中国产品的国内技术含量[①]。戴翔和张二震（2011）使用 1994～2009 年 HS（1992）六位数分类商品贸易数据发现，中国出口技术复杂度与发达国家相比还存在一定差距，特别是在高技术密集型出口产品领域，差距较大；而目前对发达国家的追赶上，主要表现在中等技术密集型产品领域[②]。

对外开放三十多年来，伴随着中国经济的高速增长，中国的对外贸易也发生了巨大变化。在整个样本期内，中国对外贸易商品结构大幅优化。在贸易方式方面，1994～2010 年，除 2008 年外，加工贸易的比重一般都高于一般贸易，几乎占据中国对外贸易的半壁江山；一般贸易的比重到 1996 年下降到整个期间的最小值为 35.3%，此后逐渐回升，于 2011 年首次突破 50%。

中国地区间对外贸易的差异正好是与东、中、西部人均收入的差异高度相关的，占有中国绝大部分比重的东部沿海地区的算术平均人均国内生产总值在 1981～1990 年、1991～2000 年、2001～2010 年三个十年间分别是中部地区的 1.98 倍、2.21 倍、2.3 倍，是西部地区的 2.3 倍、2.67 倍、2.67 倍。这里将海南纳入东部沿海地区，并且采用简单算术平均法，如果考虑到各省经济总量和人口的差异，可以肯定的是，加权平均值将会更

---

①　姚洋、张晔：《中国出口品国内技术含量升级的动态研究——来自全国及江苏省、广东省的证据》，《中国社会科学》2008 年第 2 期。

②　戴翔、张二震：《中国出口技术复杂度真的赶上发达国家了吗》，《国际贸易问题》2011 年第 7 期。

大，简单算术平均法会低估真实的人均差异。

当中国的对外贸易发展到一定阶段时，政府应当更加关注地区之间对外贸易发展的差距，因为，如果任由这一失衡状况持续扩大下去，必将对中国经济社会的统筹协调发展带来不利影响。

第二节　中国地区间对外贸易差异的多指标分析

上一节对中国改革开放 30 多年来的对外贸易做了一个总体描述，并指出中国对外贸易的一个显著特点是，东部地区的对外贸易在中国对外贸易中占据绝对主导地位。东部沿海省区凭借优越的地理位置在改革开放后大力发展劳动力密集型的加工贸易，并吸引了大量的外商直接投资。

改革开放以来，外商在华直接投资企业的对外贸易占中国对外贸易的比重越来越大，并逐渐居主导地位。20 世纪 80 年代，外资企业累计出口额和进口额分别占中国货物累计出口总额和进口总额的 5.0% 和 9.2% ；20 世纪 90 年代，这一比重提升至 37.9% 和 48.5% ；2001 ～ 2010 年，该比重进一步升至 55.91% 和 55.88% ；2011 年外商投资企业出口额和进口额的比重分别为 52.4% 和 49.6% 。

一个典型事实是，外商在华直接投资主要落户在东部沿海地区，并且随时间推移，东部地区占比有逐渐增大的趋势。那么，改革开放以来，我国对外贸易地区差异的发展历程是怎样的，差距是扩大了还是缩小了，目前处于何种状态？本节将利用 1980 ～ 2010 年的分省统计数据，基于区域经济学的视角，借鉴并融合不同学科的经典研究方法对中国地区间的对外贸易差异性进行分析。

改革开放以来的历程一般认为可以分为以下三个阶段：1979 ～ 1991 年为初始开放阶段；1992 ～ 2000 年为加速全面开放阶段；2001 年至今为迈向"共赢"开放型经济阶段。本节在展开分析时将以上述三个阶段为标准选取时点。

一　中国地区间对外贸易的总体差异指标分析

区域差异指一定时期内区域发展水平存在差异的一种状态，可以分为区域绝对差异和区域相对差异。区域绝对差异是指区域间某个经济指标的绝对水平存在非均等化的现象，反映的是经济发展中绝对量的水平差异，可以用某个变量的标准差来衡量。绝对差异的大小不但取决于变量各观测值的差异程度，而且还受到其平均值大小的影响。因此，有必要考察其相对差异。区域相对差异是指区域间某个经济指标发展变化速度的非均等化现象，可以用变异系数来衡量，它排除了量纲的影响。

绝对差异——标准差指标

$$S = \sqrt{\frac{\sum\limits_{i=1}^{N} (Y_i - \bar{Y})}{N}} \tag{3.1}$$

相对差异——变异系数

$$V = \frac{S}{\bar{Y}} \frac{\sqrt{\frac{\sum\limits_{i=1}^{N} (Y_i - \bar{Y})}{N}}}{\bar{Y}} \tag{3.2}$$

其中，S 是标准差，V 是变异系数，Y_i 是 i 省区某年的进出口贸易额，$\bar{Y}$ 是某年考察各省区对外贸易额的平均值，即 $\bar{Y} = \sum\limits_{i=1}^{N} Y_i / N$，$N$ 是考察的相关省区的个数。标准差 S 和变异系数 V 越大，表明各省区间对外贸易的差异越大。

（一）中国各省区对外贸易绝对差异分析

图 3 - 7 展示了 1980 ~ 2010 年中国对外贸易的绝对差异。总的来说，1980 ~ 2010 年，中国各省区对外贸易的绝对差异总体表现为增大的趋势，只在 2009 年有所减小，之后在 2010 年达到整个期间的最大值。也就是说，中国省区间对外贸易的绝对差异越来越大。具体来看，1980 年 30 个省区的对外贸易绝对差异额只有 11.1 亿美元，而 2010 年该数值增大为 1760 亿美元，31 年间差异增加了 158 倍。从这个层面来看，中国地区间的外贸差异在逐步增大。

从变化速度来看，S 指数的速率变化正好和中国对外开放的三个阶段相吻合：1980 ~ 1991 年，S 指数非常缓慢地平稳地增大；1992 ~ 2000 年的

图 3 - 7　1980 ~ 2010 年中国对外贸易额的标准差

资料来源:《新中国六十年统计资料汇编》和《中国统计年鉴》。

增加速率大于前一个阶段;2001 ~ 2010 年,S 指数快速增大,速率在三个阶段中是最快的。三个阶段内标准差与期初相比分别增加了约 0.93 倍、1.82 倍、4.1 倍。

从图 3 - 7 中可以看出,在 1991 年以前,地区间的差异是很小的,这与当时各省区的贸易总额都较小有关;1992 ~ 2000 年的 9 年间,绝对差异处于缓慢增长的态势,绝对差异从 1992 年的 117 亿美元增加到 2000 年的 330 亿美元,年均增加约 24 亿美元;2001 ~ 2010 年的 10 年间,绝对差异表现为快速增长的态势,绝对差异从 2001 年的 346 亿美元增加到 2010 年的 1760 亿美元,年均增加约 141 亿美元。

省区间对外贸易绝对差异的发展态势与外贸体制改革、中国融入全球化的进程紧密相关。自 1978 年改革开放,中国的对外贸易体制就开始了一系列的改革,一个以市场经济为导向、自负盈亏的外贸体制正在逐渐形成:逐步完善外贸经营体制,包括扩大对外贸易经营权,经过批准可以成立地方外贸公司,放开一些大中型生产企业的进出口业务,实行对外贸易承包经营责任制等;逐步缩小外贸计划调控范围和产品范围,调节外汇市场等。这些都为中国乃至各省区对外贸易持续快速地健康发展打下了良好的基础。

“七五”期间中央政府首次提出了按东、中、西三大地带划分中国地区的模式,并强调了沿海地区的快速发展,自此确立了中国的地区不平衡发展战略；1992年邓小平南方谈话之后，沿海省区抓住机会加速对外开放，积极承接产业转移，发展劳动力密集型加工产业，由此在1992年之后省市间外贸差异日益扩大，东部沿海省区在改革开放的过程中率先发展和富裕起来。

（二）中国各省区对外贸易相对差异分析

与绝对差异的变化趋势不同，中国各省区对外贸易的相对差异的变化可以分为两个阶段，1980~1991年和1992~2010年，如图3-8所示。1980~1991年相对差异表现为持续下降的趋势，1980年中国省市间对外贸易相对差异的变异系数为1.88，1991年下降到1.11，为整个样本期间的最小值。经过了1991~1992年的跳跃性变化后，1992~2010年，相对差异整体表现为缓慢下降的趋势，其中1992年变异系数为2.46，2010年下降到1.77。

1980~1991年的外贸体制改革改变了对外贸易由国有外贸部门独家经营的局面，更多地方企业和民营企业参与到对外贸易中；外贸指令性计划范围的缩小使得外贸企业能够自主经营，扩大了其经营的范围，增强了外贸企业的经营动力。这些改革措施与此阶段省市间外贸相对差异下降的趋势相吻合。1992年中国扩大对外开放的力度后，东部沿海地区抓住机遇，积极发展对外贸易，而中西部地区由于地理位置上天然的劣势，由此产生了地区间对外贸易的差异。

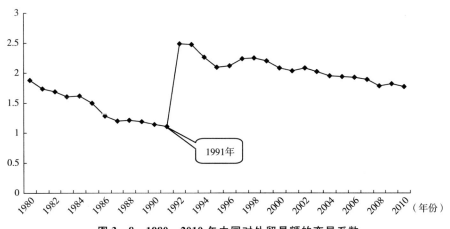

图3-8 1980~2010年中国对外贸易额的变异系数

资料来源：《新中国六十年统计资料汇编》和《中国统计年鉴》。

初步来看，1980～2010年中国对外贸易的绝对差异和相对差异是有些矛盾的，但两个指标衡量的构造和衡量的对象是不一样的。变异系数的分母是各省区当年进口额的平均值，虽然各省区之间的外贸额差距拉大了，但是在一个更高的外贸平均水平上，这种差距相对变小了，即变异系数不是直接衡量不平等程度的指标。

二　中国地区间对外贸易的泰尔指数分析

泰尔指数又称为熵指数，由数学家 Shannon. C. E 和 Wiener. N 首先构造出来，而 Theil. H 则最先将其应用于经济分析，故经济学上又称为 Theil 指数，即泰尔指数。该数值越小，代表地区间的不均衡程度越小。在众多衡量不平等程度的指标中，只有第二泰尔指数 GE（0）是可以用人口比重作为权数的相加可分解指标（万广华，2008），并且第二泰尔指数满足衡量区域经济差距的四大原理，即匿名性、齐次性、人口无关性和转移性原则。第二泰尔指数 GE（0）的计算公式为：

$$GE（0）= \sum_i f_i \ln(\frac{\bar{y}}{y_i}) \tag{3.3}$$

其中，f_i 是第 i 个省区的人口比例，y_i 是 i 省区某年的进出口贸易额，$\bar{y}$ 是某年考察各省区对外贸易额的平均值，即 $\bar{y} = \sum_{i=1}^{N} y_i / N$，$N$ 是考察的相关省区的个数。泰尔指数的一个优点是，可以将整体变异分解成组内和组间变异，因此被广泛应用于评估区域整体不均衡以及区域间不均衡的实证研究中。

如果按照某种方法把全国所有省区分为 M 组，各组样本个数占总体样本个数的比重为 s_i，各组的均值为 μ_i，$\mu = \bar{y}$，组内非均衡程度为 GE_w，组间非均衡程度为 GE_B。那么，总体泰尔指数可以分解为：

$$GE = GE_w + GE_B = \sum_{i=1}^{M} s_i GE_i + \sum_{i=1}^{M} s_i \ln \frac{\mu_i}{\mu} \tag{3.4}$$

表 3 - 1 　 1980 ~ 2010 年中国对外贸易地区分布非均衡的泰尔指数

年份	总体泰尔指数	组内泰尔指数	地区			组间泰尔指数
			东部	中部	西部	
1980	1.259592	0.750988	1.388235	0.298213	0.442703	0.508604
1981	1.052468	0.605321	1.234181	0.16257	0.2948	0.447147
1982	0.983469	0.569209	1.213725	0.12195	0.242001	0.41426
1983	0.94593	0.547473	1.179873	0.094388	0.244747	0.398457
1984	0.936236	0.519324	1.213018	0.030413	0.17805	0.416911
1985	0.896135	0.506624	1.183309	0.026304	0.179852	0.389511
1986	0.760984	0.461445	1.052222	0.037164	0.183974	0.299539
1987	0.677604	0.464356	0.993822	0.038813	0.272227	0.213247
1988	0.719308	0.473694	1.008189	0.062625	0.259284	0.245614
1989	0.718332	0.46953	0.999348	0.050755	0.272134	0.248802
1990	0.682656	0.425641	0.940734	0.05593	0.179899	0.257015
1991	0.667293	0.421505	0.942772	0.060785	0.178976	0.245788
1992	1.004108	0.318096	0.630606	0.080219	0.199011	0.686013
1993	0.946297	0.326853	0.598096	0.071387	0.28154	0.619444
1994	0.97765	0.314924	0.583311	0.044597	0.291194	0.662726
1995	0.964002	0.279328	0.496767	0.045061	0.276417	0.684674
1996	1.067025	0.299066	0.48185	0.044781	0.363049	0.767959
1997	1.151499	0.269442	0.520351	0.046157	0.212237	0.882057
1998	1.195415	0.265535	0.52413	0.045017	0.195963	0.929881
1999	1.227974	0.273227	0.515758	0.038628	0.239928	0.954748
2000	1.262865	0.265365	0.495053	0.033987	0.228057	0.9975
2001	1.251366	0.263176	0.468348	0.036742	0.251807	0.988191
2002	1.302788	0.284919	0.494847	0.042492	0.284566	1.017869
2003	1.307246	0.284795	0.499227	0.041524	0.277991	1.022451
2004	1.311341	0.266411	0.478531	0.026757	0.25695	1.04493
2005	1.330146	0.277144	0.478568	0.044917	0.266177	1.053002
2006	1.317477	0.288976	0.488726	0.048751	0.285795	1.028501
2007	1.267132	0.277974	0.467362	0.038418	0.284961	0.989158
2008	1.173018	0.266923	0.404654	0.039146	0.331014	0.906095
2009	1.212147	0.296001	0.421379	0.037709	0.410279	0.916146
2010	1.166248	0.290696	0.408257	0.046707	0.397534	0.875552

资料来源：笔者根据（3.3）式和（3.4）式计算得出。

根据表 3 - 1 第二泰尔指数的计算结果，可以得到以下结论。

第一，自 1980 年以来，中国对外贸易的地区差距现象相当明显，但不均衡的程度在近年来有逐步降低的趋势（见图 3 - 9）。中国对外贸易的地区差距可以划分为三个阶段：第一阶段，1980 ~ 1991 年，泰尔指数由 1980 年的 1.26 下降到 1991 年的 0.67，下降幅度达到 47%，中国各省区对外贸易的不均衡程度下降幅度接近一半；第二阶段，1992 ~ 2005 年，在经过 1992 年的一个突然跳跃、不均衡程度到达一个新高之后，对外贸易的地区差距总体上呈增大的趋势，在 2005 年达到整个样本期间的最大值为 1.33；第三阶段，2006 ~ 2010 年，除了 2009 年的突然小幅反弹之外，对外贸易的地区差距总体上呈下降的趋势，不均衡的程度下降了 12%，然而这种下降的趋势是否能够持续需要更多的观测数据来做支撑。总体上判断，虽然近几年中国对外贸易的地区不均衡总体上呈现下降的趋势，但是，中国对外贸易的地区分布非均衡程度依然较高，并且在 21 世纪最初的 11 年里，对外贸易的地区不均衡程度高于过去的 20 年。

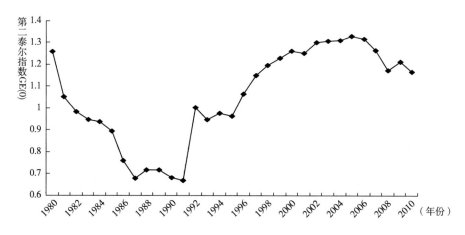

图 3 - 9 1980 ~ 2010 年中国对外贸易的地区差距总体演变趋势

资料来源：根据表 3 - 1 数据绘制所得。

第二，从差异的大小来看，在样本期内，东部差异最大，西部差异其次，中部差异最小。从整体趋势来看，自 1980 年以来，东部和中部的对外贸易不均衡程度呈逐步缩小的趋势，西部没有明显的趋势（见图 3 - 10）。

东部地区内部对外贸易不均衡程度在整个样本期间表现出非常明显的

缩小趋势。其中，泰尔指数在 1980~1991 年迅速减小，从 1.39 降低到 0.94，并且在 1992 年发生了跳跃性变动，从 1991 年的 0.94 下降到 1992 年的 0.63，此后泰尔指数一直下降到 2010 年的 0.41。与此同时，东部各省市对外贸易额快速增长，从而形成"快速增长与差异日益缩小"的局面，东部沿海省份在对外贸易方面呈现出所谓的"俱乐部趋同"现象。本书的发现和魏浩（2008）有较大不同。

中部省区的对外贸易非均衡程度在经过初期小幅的下降后，此后从 1984 年开始一直到 2010 年，中部地区的泰尔指数一直维持在 0.05 左右的低水平，也呈现出一种"俱乐部趋同"现象，这是另一种较低水平的"俱乐部趋同"。并且中部省区内部的非均衡程度低于东部省区内部。

西部地区在整个样本期间没有表现出明显的趋势，只是从 2004 年开始，西部省区内部的非均衡程度有增大的迹象，这主要是由西部大开发战略、区域协调发展战略等国家政策导致的。四川和重庆在西部 11 个省区中对外贸易增速要高于其他省区，而其他省区对外贸易的发展速度较慢，由此导致西部地区内部对外贸易的差异在 2000 年之后表现为增大的趋势。

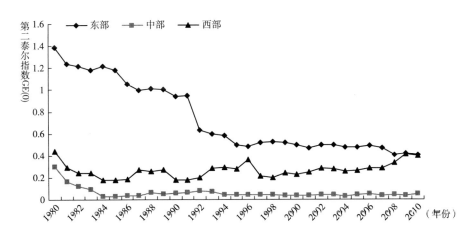

图 3-10 1980~2010 年中国对外贸易各地区内部差距的演变
资料来源：根据表 3-1 数据绘制所得。

第三，从中国对外贸易总体不均衡的地区内和地区间构成来看，1982~1991 年，地区内不均衡是导致中国对外贸易地区分布非均衡的主要原因，平均贡献度为 61%；而 1992~2010 年，地区间不均衡是导致中国对外贸易地区分布非均衡的主要原因（见图 3 – 11）。特别是自 1992 年之后，地区间差距平均贡献了总体差距的 75% 左右，是地区内差距贡献的 3 倍左右。

改革开放后，我国采取了一种地区经济不平衡发展的战略，提出优先发展东部沿海地区，以东部沿海省份作为经济增长的中心带动内陆省份发展的区域开发政策，即想通过"先富带动后富"，并在经济特区和沿海开放经济区实行优惠政策以吸引外资，促进开放地区的对外贸易。与我国其他地区相比，东南沿海地区地理位置优越，在陆海空交通方面具有明显的运输成本优势。相对优越的政策条件和地理区位优势相结合，促使我国东部地区从 20 世纪 80 年代开始，特别是在 20 世纪 90 年代，伴随着大量外商投资的注入和中西部地带大量劳动力的流入，产业逐步发展壮大，并最终通过"聚集效应"成为中国经济的主要集聚区。由此，改革开放后，特别是 1992 年加速对外开放之后，地区间差距急剧扩大。

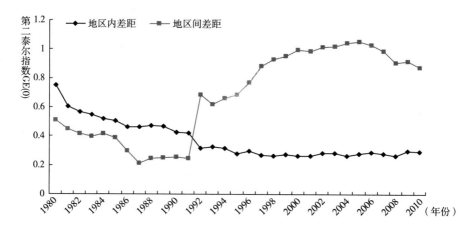

图 3 – 11　1980 ~ 2010 年中国对外贸易地区内差距和地区间差距的演变
资料来源：根据表 3 – 1 数据绘制所得。

另外，地区内和地区间差距在 1980 ~ 1991 年都表现为稳步下降的趋势，两者共同的作用表现为中国对外贸易总体不均衡在这期间的稳步下降。1980 年的组内泰尔指数为 0.751，到 2010 年下降为 0.291，组内非均衡程度对总体非均衡程度的贡献度从约 60% 下降到约 25%。这一缩小趋势的出现，主要得益于占最大份额的东部地区内部对外贸易非均衡程度的降低。组内非均衡经过 1980 ~ 1991 年的逐步下降之后，1992 ~ 2010 年基本保持着平稳的水平，这表明 1992 ~ 2010 年中国对外贸易总体不均衡的波动主要来自地区间不均衡的波动。

三　中国地区间对外贸易的区位熵指数分析

区位熵指数首先由哈盖特（P. Haggett）提出并运用于区位分析中，衡量某一区域要素的空间分布情况，或者反映某一产业部门的专业化程度，以及某一区域在一个更广的层次区域背景下的地位和作用等方面，是一个很有意义的指标。区位熵的计算公式是：

$$Q_i = \frac{\dfrac{Y_i}{\sum\limits_{i=1}^{N} Y_i}}{\dfrac{GDP_i}{\sum\limits_{i=1}^{N} GDP_i}} \tag{3.5}$$

其中，Y_i 是 i 省区某年的进出口贸易额，GDP_i 是 i 省区某年的地区生产总值，N 是考察的相关省区的个数。（3.5）式的分子是某省区的外贸额占全国外贸总额的比重，分母是某省区的地区生产总值占全国生产总值的比例，Q_i 就是两种比例的比值。Q_i 值越大，说明该省区的外贸越发达，反之，说明该省区的外贸越落后。以 $\bar{Q}$（$\bar{Q} = \sum\limits_{i=1}^{N} Q_i / N$）表示全国外贸区位熵的平均值，如果 $Q_i > \bar{Q}$ 且 $Q_i > 1$，说明此地区的外贸发展水平在全国处于领先地位；如果 $\bar{Q} < Q_i < 1$，说明此地区的外贸发展水平一般；如果 $Q_i < \bar{Q}$ 且 $Q_i < 1$，说明此地区的外贸发展水平在全国处于落后地位。据此标准就可以把全国的省区依照区位熵加以分类。

（一）全国视角

对外贸易是经济增长的"引擎"，对不同国家、地区的促进和拉动作用的力度会有所不同，并且也会随着时间的变化而变化。从图 3 – 12 可以看出，各省区平均区位熵指数的演变主要经历了两个主要的阶段，1980 ~ 1991 年和 1994 ~ 2010 年。第一阶段 1980 ~ 1991 年，Q 指数表现为缓慢上升的趋势，在 1991 年达到样本期间最大值，为 1.04；和其他指标展示的类似，Q 指数从 1991 年到 1992 年经历了一个跳崖式的下降，减小约 30%，接下来是基本持平的 1993 年，之后小幅回升到 1994 年的 0.827。第二阶段是 1994～2010 年，Q 指数呈现出 U 形，从 1994 年的 0.827 逐步下降到 2003 年的最低点 0.638，之后从 2004～2010 年表现出缓慢增长的态势。

从全国熵指数的整体变化趋势来看，随着中国对外贸易的高速增长，对外贸易对中国经济增长的促进作用呈现出"先增大，后减小"的类似于"边际效应递减"的效应；从 1991 年之后，对外贸易对中国经济增长的促进作用整体表现为下降的趋势，自从 2001 年"入世"以来，2001～2010 年 Q 指数基本保持稳定，基本保持在 0.65 左右小幅波动，近几年有回升增大的迹象。这表明中国政府提出的转变外贸增长方式战略是十分及时和必要的，并且其作用已经开始显现，熵指数从 2004 年开始止跌回升就是最明显的例证，我们这里的发现和魏浩（2008）的一致。

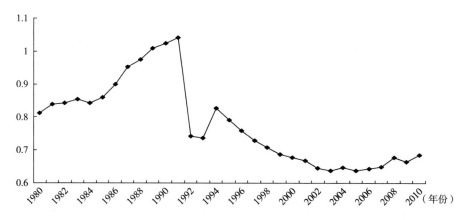

图 3 - 12　1980～2010 年中国对外贸易各省区平均区位熵指数的演变

资料来源：根据（3.5）式计算所得。

（二）省市视角

从贸易发展领先省份的变化来看（见表 3 - 2），在 1980 年、1992 年、2001 年和 2010 年的四个时间点上，贸易发展在全国处于领先地位的省区分别有 9 个、7 个、9 个和 7 个。具体来看：第一，从省区的构成来看，在所有的 4 个时间点上，外贸领先地区都是东部沿海省区，并且 1980 年西部地区的陕西、广西高于全国平均水平，也高于江苏，而在其余 3 个时间点上，外贸发展高于全国平均水平的都是东部沿海省市。这与前文分析的地区间外贸差异越来越一致。第二，2001 年和 2010 年上海、广东和北京都分别名列对外贸易发展领先地区的前三位，且 3 个省市的增长极效应日益明显，其中，上海在 2001 年代替广东成为中国贸易发展最为领先的地区，且增长极效应越来越大。在 31 年间，江苏和浙江的贸易发展变化最为显著，江苏和浙江从 1980 年、1992 年低于全国平均值的水平上，上升到 2001 年的第 5 位、第 6 位和 2010 年的第 4 位、第 6 位的水平，且其 Q 指数一直呈增大的趋势。另外，山东的下降速度也比较明显，近两个时间点上的熵指数低于全国平均值。第三，从领先省区的熵指数变化来看，上海的增长极效应日益明显，广东的对外贸易对经济的拉动作用逐渐减小；2010 年和 2001 年相比，外贸对各省市的促进作用日益均衡，有利于中国区域经济的协调均衡发展。总体而言，贸易发展领先的地区主要集中于东部沿海地区，中西部省区在贸易开放过程中未能抓住机遇而越来越落后，因此加剧了地区间对外贸易的差异以及由此导致的经济绩效的差异。

表 3 - 2　1980 ~ 2010 年对外贸易发展领先地区区位熵指数变化情况

序号	地区	1980 年	地区	1992 年	地区	2001 年	地区	2010 年
1	天津	4.387	广东	5.14	上海	3.165	上海	4.252
2	上海	3.591	上海	2.576	广东	2.885	广东	2.374
3	辽宁	3.583	海南	1.752	北京	2.412	北京	2.363
4	山东	1.593	福建	1.617	天津	2.158	江苏	1.876
5	福建	1.443	天津	1.539	江苏	1.418	天津	1.366
6	北京	1.185	辽宁	0.979	浙江	0.996	浙江	1.241
7	广西	0.966	北京	0.870	福建	0.962	福建	0.922
8	陕西	0.926	江苏	0.696	辽宁	0.827	辽宁	0.671
9	海南	0.861	浙江	0.676	海南	0.723	海南	0.648
10	江苏	0.735	吉林	0.650	山东	0.648	山东	0.645
	全国平均值	0.812	全国平均值	0.741	全国平均值	0.669	全国平均值	0.686

资料来源：笔者计算所得。

四　小结

本节在第一节分析的基础上，利用多种指标包括标准差、变异系数、泰尔指数和区位熵指数来进一步描述中国地区间对外贸易的差异。结果发现，在 1991 年以前，对外贸易的地区间差异是较小的，从 1992 年开始，各省区间的差异迅速拉大。1980 年以来，中国对外贸易的地区差距现象相当明显，但不均衡的程度在近年来有逐步降低的趋势；东部地区和中部地区的对外贸易不均衡程度呈逐步缩小的趋势，西部地区则没有明显的趋势；自 1992 年之后，对外贸易的地区间不均衡是总体不均衡的主要来源，平均贡献了总体差距的 75% 左右。另外，从 1991 年之后，对外贸易对中国经济增长的促进作用整体表现为下降的趋势，对中国经济增长的促进作用存在类似于"边际效应递减"的效应；贸易发展领先的地区越来越集中于东部沿海地区，中西部省区在后来的贸易开放过程中越来越落后。所以对于中国对外贸易地区分布不均衡的分析，将有助于我们更加深入地认识中国地区差距问题。

第三节　中国各地区对外贸易的空间统计分析

第二节分别利用总体差异指标、泰尔指数（包括组内差异和组间差异）、区位熵指数描述分析了中国地区间对外贸易的差异，得到的结论是东部沿海地区的贸易发展领先于中西部省区，上海、广东和北京的增长极效应日益明显；中国对外贸易的地区分布非均衡程度依然较高；自 1992 年之后，对外贸易的地区间差距平均贡献了中国对外贸易总体差距的 75% 左右，是地区内差距贡献的 3 倍左右。为了进一步探求中国各省区在不同的时期对外贸易地区分布的演变特点，本节将利用近年来兴起的主流空间统计分析方法，对 1980 ~ 2010 年中国各省区的对外贸易发展格局及其空间动态演变进行分析和讨论。

空间统计分析（Spatial Statistics Analysis），即空间数据（Spatial Data）的统计分析，是现代计量地理学中一个快速发展的方向和领域，其有别于传统的统计分析方法，以新的思维模式观察客观事物，并借助新型的技术手段对观察数据进行分析和处理。空间统计分析主要用于对空间数据进行分类和评价,其核心就是认识与地理位置相关的数据间的空间依赖、空间关联或空间自相关,通过空间位置建立数据间的统计关系。空间统计分析不但可以分析那些具有空间坐标的变量的空间特征,而且能够应用空间分析模型进行空间过程模拟、空间自相关分析以及空间结构特征等的计算。

近年来国外的地理学者和经济学者纷纷将空间统计分析的思想和方法引入经济学分析,特别是区域发展分析问题中,取得了一系列的成果。Chakrabarti (2003) 利用空间分析方法对外商直接投资的空间分布特征进行了理论分析[①]。Ping 和 Green (2004) 利用全局空间自相关和局部空间自相关方法对棉花产量的空间相关性及变动进行了考察。Aroca、Bosch 和 Maloney (2005) 利用空间统计分析方法分析了墨西哥 1985~2002 年贸易自由化和经济收敛情况,结果发现贸易开放情况存在全局空间自相关现象,墨西哥南部地区的实际人均收入存在一定程度的空间相关性[②]。Bernardí Cabrer – Borrá 和 Guadalupe Serrano – Domingo (2007) 研究了创新的空间模式,考察了创新空间模式的空间依赖性和演进方式及其在西班牙区域创新中的决定作用。结果发现不仅本地的创新能力会决定本地的创新,而且由优质教育和政府政策导致的空间创新溢出也会决定本地的创新。Arbia、Battisti 和 Vaio (2010) 使用了非传统的空间权重矩阵,地理 – 制度邻接的空间权重矩阵的运用增大了地区单位劳动产出的空间相关性,并提高了地区收敛速度,而传统的地理矩阵则低估了收敛动态。

国内学者利用空间统计分析方法研究有关问题的相对较少,比较早开展类似研究的是孟斌等 (2004),他们利用新中国成立以来近 50 年人口、土地利用和人均 GDP 等指标,采用空间分析方法对中国区域社会发展差异进行了考察,结果发现中国社会经济发展的主要指标存在强烈的

---

① Chakrabarti, Avik, "A Theory of the Spatial Distribution of Foreign Direct Investment", *International Review of Economics & Finance*, 2003, Vol. 12 (2), pp. 149 – 169.

② Aroca, Patricio, Mariano Bosch, and William F. Maloney, "Spatial Dimensions of Trade Liberalization and Economic Convergence: Mexico 1985 – 2002", *World Bank Economic Review*, 2005, Vol. 19 (3), pp. 345 –378.

空间自相关[1]。鲁凤、徐建华（2007）运用 GIS 技术与空间统计分析的综合集成方法，对改革开放以后 20 年间全国各省区人均国民生产总值的空间分布格局及其动态演变进行分析和研究[2]。张学良（2009）利用长三角地区 132 个县市区的统计数据，使用引入了空间依赖性或空间自相关因素的模型进行了区域经济增长收敛性的实证研究，结果发现收敛方向没有发生变化，但是收敛速度却出现了下降。魏浩（2010）利用空间统计分析方法，测量了改革开放以来 30 年间中国各省区对外贸易的空间集聚效应和空间辐射效应[3]。

本节将在以往学者的研究基础之上，利用系统的空间数据探索分析方法（Exploratory Spatial Data Analysis），包括分析全局（Global）Moran I 指数、空间联系的局部指标（Local Indicators of Spatial Association）和 Moran 散点图等工具和指标，来研究考察期内各省区对外贸易的空间集聚效应和空间辐射效应，以系统地把握中国对外贸易的空间分布特征，揭示空间联系的结构，认识其内在规律和演变特点。

一　空间统计分析方法

近年来，空间分析技术已经在广泛的领域内得到应用，国外社会学和经济学的研究空间分析的独特贡献在于它借鉴相关自然科学和社会科学的工具和方法，构建了一套相对完整的准确认识、评价和综合理解研究对象的空间位置和空间相互作用重要性的系统理论。一般而言，对数据进行空间分析的目的是考察研究对象的空间分布特征（Spatial Distribution Feature）和空间依赖性（Spatial Dependence）。空间分布特征是指某种事物或者现象在不同空间的区域单位中的布局情况：集聚或者分散。空间依赖（Spatial Dependence）是指一个区域单元中的某种经济现象或某一属性值总是与其邻近区域单元中的相应经济现象或属性值相关，而且这种相关不

---

[1]　孟斌、王劲峰、张文忠、刘旭华：《基于空间分析方法的中国区域差异研究》，《地理科学》2004 年第 4 期。

[2]　鲁凤、徐建华：《中国区域经济差异的空间统计分析》，《华东师范大学学报》（自然科学版）2007 年第 2 期。

[3]　魏浩：《中国 30 个省市对外贸易的集聚效应和辐射效应研究》，《世界经济》2010 年第 4 期。

仅表现出时间上的相关，而且在空间上也存在一定程度的相关，表现为时空交织的特点。空间相关性是空间统计分析的重点研究对象，在对空间相关性进行系统介绍之前，首先对空间权重矩阵的概念进行介绍。

为了刻画空间单位的相邻关系，通常定义空间权重矩阵 $W_{n \times n}$ 来表达 n 个位置的空间邻近关系，该矩阵为一个二元对称阵。其形式一般如下所示：

$$W = \begin{bmatrix} w_{11} & w_{12} & \cdots & w_{1n} \\ w_{21} & w_{22} & \cdots & w_{2n} \\ \vdots & \vdots & & \vdots \\ w_{n1} & w_{n2} & \cdots & w_{nn} \end{bmatrix}$$

其中 w_{ij} 表示区域 i 与区域 j 的临近关系，它可以根据邻接规则和距离规则来确定取 0 或者 1，其中对角线上的元素 w_{ii} 均取 0。如果根据邻接规则来确定空间权重矩阵的元素，则一般采取以下方式：如果两个空间单元的边界相连接，则 w_{ij} 定义为 0；如果两个空间单元的边界不相连接，则 w_{ij} 定义为 1，如下式所示：

$$w_{ij} \begin{cases} 1 & 当区域 i 和 j 相邻接 \\ 0 & 其他 \end{cases}$$

如果采取距离规则的方法来确定空间权重矩阵元素，则采取的方法如下：给定一个距离标准 d，如果两个空间单元中心位置之间的距离大于 d，则 w_{ij} 定义为 0，表明两个单元不相邻；如果两个空间单元中心位置之间的距离小于 d，则 w_{ij} 定义为 1，表明两个单元相邻，如下式所示：

$$w_{ij} \begin{cases} 1 & 当区域 i 和 j 的距离小于 d 时 \\ 0 & 其他 \end{cases}$$

在建立空间权重的基础之上，可以进一步对空间相关性进行分析。一般使用空间自相关（Spatial Autocorrelation）来对空间相关性进行分析和测度。空间自相关，是指一个区域分布的地理事物的某一属性和该区域外所有其他事物的同种属性之间的关系。空间自相关系数是对空间自相关程度进行度量的基本指标，通过计算空间自相关系数可以发现并度量空间事物的某一属性是服从于高－高相邻分布、低－低相邻分布还是高－低间错分布。一般而言，度量结果分为正相关和负相关两种，空间正相关表明观测的空间单位目标的某一属性变动规律与其邻近空间单位的变动规律同步，负相关表明观测的空间单位目标的变动规律与其邻近空间单位的变动规律不同步。

测度空间相关性的指标一般有两大类：全局空间相关性指标和局部空间相关性指标。全局指标用于计算和分析整个研究区域的空间模式，并使用单一数值来描述整个区域的自相关程度；局部指标分别计算每一个空间单位与其相邻单位在某一属性上的相关程度。这两种指标的研究对象各有侧重，一般在研究中会结合起来使用。下面分别介绍这两种指标。

（一）全局空间相关性指标

常用度量空间自相关的全局指标包括全局 Moran 指数和 Geary 系数。Geary 系数与全局 Moran 指数存在负相关关系，本书仅使用全局 Moran 指数进行计算分析。全局 Moran 指数反映的是空间邻近或空间邻接的区域单元某一属性值的相似程度，可以测度区域单元的集聚程度。结合本书考察的各地区对外贸易额的空间分布演变情况，全局 Moran 指数反映的就是各地区对外贸易发展是否在空间上存在马太效应，即对外贸易发达的省区在空间上集聚，在地理上相邻，对外贸易发展滞后的省区也在空间上集聚且地理上相邻。

设定空间中存在 i 个区域（$i=1, 2\cdots, n$），x_i 为不同区域统一研究对象的观测值，我们使用的是各省区实际人均第二产业产值，则全局 Moran 指数 I 的计算公式为：

$$I = \frac{n\sum\limits_{i=1}^{n}\sum\limits_{j=1}^{n}w_{ij}\ (x_i-\bar{x})\ (x_j-\bar{x})}{\sum\limits_{i=1}^{n}\sum\limits_{j=1}^{n}w_{ij}\sum\limits_{i=1}^{n}\ (x_i-\bar{x})^2} = \frac{\sum\limits_{i=1}^{n}\sum\limits_{j\neq1}^{n}w_{ij}\ (x_i-\bar{x})\ (x_j-\bar{x})}{S^2\sum\limits_{i=1}^{n}\sum\limits_{j\neq1}^{n}w_{ij}}$$

其中 I 为全局 Moran 指数，$S^2 = \frac{1}{n}\sum\limits_{i}\ (x_i-\bar{x})^2$ 为不同区域观测变量的方差，$\bar{x} = \frac{1}{n}\sum\limits_{i=1}^{n}x_i$ 为不同区域观测变量的平均数。w_{ij} 为反映两地区相邻关系的二元变量，其为上文给出的空间权重矩阵 W 的元素。

Moran 指数 I 的取值一般在 ［-1，1］ 之间，大于 0 表示正相关，等于 0 表示不相关，小于 0 为负相关；在 H_0 假设下，即分析对象之间不存在空间相关性，此时 Moran 指数 I 的期望为 $E(I) = \dfrac{-1}{n-1}$，n 为观测样本的数量，当 $n \to \infty$ 时，$E(I)$ 为零。由此可知 Moran 指数的计算是基于样本数据而得到的，所以当 $I \neq \dfrac{-1}{n-1}$ 时，可能有两个方面的原因：一是两者确实存在显著的差异；二是 I 与 $\dfrac{-1}{(n-1)}$ 之间的差异是由随机抽样造成的，两者实际上并不存在显著的差异。因此可以用蒙特卡洛模拟来进行显著性检验。

对于全局 Moran 指数，可以用标准化统计量 Z 来检验 n 个区域是否存在空间自相关关系，Z 的计算公式为：$Z = \dfrac{I - E(I)}{\sqrt{VAR(I)}}$。

当 Z 值为正且显著时，表明观测单元存在正的空间自相关，也就是说相似的观测值（高值或低值）在空间上趋于集聚；当 Z 值为负且显著时，表明存在负的空间自相关，相似的观测值在空间上趋于分散分布，高 - 低值间错分布；当 Z 值为零时，观测值呈独立随机分布。

（二）局部空间相关性指标

在对全局空间自相关性指标进行计算、分析的基础上，如果要进一步考察观测对象的局部空间集聚情况，即考察哪些空间单元对于全局空间自相关的贡献最大以及空间自相关的全局评估在多大程度上掩盖了局部不稳定性等问题时，就必须运用局部空间自相关指标进行分析。这些考察工具包括空间联系的局部指标（Local Indicators of Spatial Association，LISA）、G 统计、Moran 散点图。我们选择 LISA 指标和 Moran 散点图进行分析。

LISA 指标需要满足如下两个条件：①每个区域单元的 LISA，是描述该区域单元周围显著的相似区域单元之间空间集聚程度的指标；②所有区域单元 LISA 的总和与全局的空间自相关指标成比例。LISA 指标包括局部 Moran 指数（Local Moran）和局部 Geary 指数（Local Geary），本书使用局部 Moran 指数来进行分析。

局部 Moran 指数被定义为 $I_i = \dfrac{(x_i - \bar{x})}{S^2} \sum\limits_j w_{ij} (x_j - \bar{x})$，其中 I_i 为第 i 个

区域对象的局部相关性系数，此时观测变量方差的计算方法有所不同，

$S^2 = \dfrac{\sum\limits_{j=1,j\neq i} (x_i - \bar{x})^2}{n-1}$。如果 I_i 取值大于零，表示该空间区域与邻近区域单元

的属性相似。如果 I_i 取值小于零，表示该空间区域与邻近区域单元的属性

不相似。与全局空间相关系数的显著性检验一样，局部 Moran 指数也需要

检验显著性水平，其检验的标准化统计量为 $Z(I_i) = \dfrac{I_i - E(I_i)}{\sqrt{VAR(I_i)}}$。

此外以（Wz，z）为坐标点的 Moran 散点图，常来研究局部的空间不
稳定性，散点图的纵坐标和横坐标分别是空间滞后因子 Wz 和 z，其中 Wz
是相邻区域单元观测值的空间加权平均值，又称为"空间滞后"向量，z
是由所有的观测值与均值之间的离差组成的向量。Moran 散点图有 4 个象
限，分别对应于区域单元与其邻居之间 4 种类型的局部空间联系形式，第
一、三象限代表正的空间联系，第二、四象限代表负的空间联系，具体来
说，第一象限为高 - 高集聚，表示高观测值的区域单元被同是高值的区域
所包围的空间联系形式；第二象限为高 - 低集聚，表示低观测值的区域单
元被高值的区域所包围的空间联系形式；第三象限为低 - 低集聚，表示低观
测值的区域单元被同是低值的区域所包围的空间联系形式；第四象限为低 -
高集聚，表示高观测值的区域单元被低值的区域所包围的空间联系形式。

与局部 Moran 指数相比，Moran 散点图重要的优势在于能够形象化地
进一步区分区域单元和其邻居之间的集聚属性，即到底是属于高值和高
值、高值和低值、低值和高值、低值和低值之中的哪种空间联系形式。将
Moran 散点图与 LISA 显著性水平相结合，可以得到"Moran 显著性水平
图"，图中显示出显著的 LISA 区域，不同的集聚类型用不同颜色分别标注
出来，并有数值分别对应于 Moran 散点图中的不同象限。

二　分析对象和数据说明

在分析对象上，我们选取中国各省区的进出口总额数据为分析对象。
考虑到重庆建立直辖市的时间较短，所以将重庆与四川合并处理，海南仍
然单独处理。考察时间与前文的考察时间一致，即 1980 ~ 2010 年。各省按
经营单位所在地分，进出口总额 1980 ~ 2008 年数据来源于《新中国六十

年统计资料汇编》。其中，陕西 1980~1984 年、海南 1980~1986 年进口数据来源于《陕西统计年鉴 1986》和《海南统计年鉴 1990》中"对外贸易各类商品收购总额"，出口数据来源同上。用各省的地区生产总值平减指数（GRP Deflator）对进出口总额数据进行平减，转化成实际值。通过各省区的国内生产总值和生产总值指数（可比价，上年＝100）可以计算出各省区的 GRP 平减指数。

在进行分析时，对各省区的实际进出口总额取以 10 为底的对数，利用 Luc Anselin 开发的免费软件 GeoDa 进行计算。在进行具体计算时，我们选择较为简单的相邻规则定义空间临近关系，采用 Rook 标准建立空间权重矩阵 W，对于海南省，我们设定其与广东相连①。零假设为各省区的对外贸易额不存在空间自相关，备择假设为存在自相关，显著性检验采用 Monte Carlo 模拟的方法进行，且每次检验模拟 9999 次。

三　中国 30 个省区对外贸易的全局空间特征：集聚效应

对考察期内分析对象的全局自相关 Moran 指数 I 进行计算，计算结果如表 3-3 所示。

表 3-3　1980~2010 年中国各省区对外贸易额的全局 Moran I 指数

年份	Moran I	P 值	年份	Moran I	P 值	年份	Moran I	P 值	年份	Moran I	P 值
1980	0.145	0.065	1988	0.204	0.03	1996	0.383	0.0008	2004	0.442	0.0005
1981	0.189	0.035	1989	0.213	0.022	1997	0.421	0.0009	2005	0.420	0.0003
1982	0.200	0.028	1990	0.228	0.02	1998	0.415	0.0003	2006	0.425	0.0004
1983	0.210	0.022	1991	0.243	0.013	1999	0.414	0.0004	2007	0.414	0.0006
1984	0.208	0.023	1992	0.375	0.0008	2000	0.422	0.0003	2008	0.412	0.0006
1985	0.222	0.016	1993	0.367	0.0017	2001	0.132	0.0003	2009	0.417	0.0009
1986	0.217	0.021	1994	0.365	0.0015	2002	0.418	0.0006	2010	0.425	0.0004
1987	0.190	0.032	1995	0.365	0.0013	2003	0.426	0.0003			

资料来源：笔者利用 GeoDa 软件计算所得。

---

① 对 GeoDa 软件生成的空间权重矩阵文件（.GAL 文件）进行手工修改，即可以改变海南和广东的默认空间相邻关系。注意的是，.GAL 文件需要对广东和海南两个省的位置都进行修改。

从计算结果来看，可以看出各年对外贸易的全局 Moran I 指数均大于零，除 1980 年 Moran I 指数的统计显著性水平 P 值大于 0.05 之外，其余年份都小于 0.05，在传统的置信水平上可以拒绝原假设，表示中国各省区的对外贸易发展存在较为显著的空间自相关性，即对外贸易额较大的省区趋向于与同样较大的省份在空间上相邻，对外贸易额较低的省区趋向于与同样较低的省份在空间上相邻。

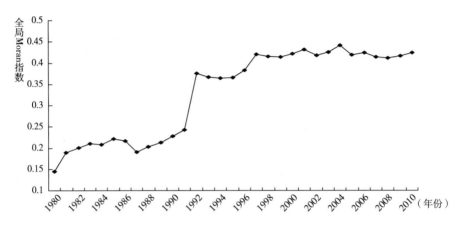

图 3 – 13　1980 ~ 2010 年全局 Moran I 指数变化

资料来源：笔者利用 GeoDa 软件计算绘制。

从全局 Moran I 指数的变动特征来看（见图 3 – 13），在 1980 ~ 2010 年的样本期内，虽然有几次小幅的下降，但是整体上呈现出上升的态势；并且自 1991 年开始，各年 Moran I 指数对应的 P 值都在 0.001 的水平上显著，表明中国加速对外开放以来，外贸发展水平相似地区的空间集聚现象越来越明显。从变动的阶段性来看，1980 ~ 1991 年除了 1987 年有过一次比较明显的下降之外，Moran I 指数从 0.145 提高到了 0.243，之后在 1992 年有过一次剧烈的向上跳跃，一直到达 0.375 的水平，之后 1997 ~ 2010 年 Moran I 指数一直在 0.4 ~ 0.45 的区间波动。根据对全局 Moran I 指数变化图的分析，以及结合中国对外开放的进程，可以发现这一期间一共有 5 个重要的时间点，分别是：1980 年、1992 年、1997 年、2001 年和 2010 年，我们给出这 5 个重要时间点上不同集聚类型的具体构成情况，如表 3 – 4 所示。从表3 – 4 中可以看出，从整体趋势来看，自从 1997 年之后，各种集聚类型包含的省区就比较固定了。从集聚的具体构成来看：①北京、天津、上海、江苏、浙江、山东、河北 7 个省区一直都是高 - 高集聚类型，广东从 1980 年的低 - 高集聚跳转到 1992 年的高 - 高集聚，但是从 2001 年开始落入了高 - 低聚集区。海南未能抓住发展机遇，从高 - 高型落入了低 - 高型，这可能和海南缺少足够的工业做支撑有关系。②安徽历来都处于低 - 高集聚型，江西和广西自从 1992 年开始也一直处于此类型区，到 21 世纪后，湖南、吉林、海南和河南也都处于此类型区。③在高 - 低型集聚里面，从 1997 年开始，辽宁和四川（包括重庆）都位列其中，四川（包括重庆）处于西部地区，这说明四川（包括重庆）在西部省区中的对外贸易是一枝独秀的；辽宁处于东北地区，依靠丰富的自然资源和临海优势让其进入贸易大省行列。

表 3 - 4   1980～2010 年全局散点图对应省区

年份	高 - 高型	低 - 高型	高 - 低型	低 - 低型
1980	北京、天津、上海、江苏、浙江、山东、辽宁、河北、河南、湖北	广东、安徽、吉林、山西、贵州、内蒙古	陕西、湖南、广西、福建	其他省区
1992	北京、天津、上海、江苏、浙江、山东、广东、福建、辽宁、河北、海南、湖南、吉林	江西、安徽、广西	湖北、黑龙江、四川	其他省区
1997	北京、天津、上海、江苏、浙江、山东、广东、福建、河北	江西、安徽、广西、海南、湖南	湖北、辽宁、四川	其他省区
2001	北京、天津、上海、江苏、浙江、山东、福建、河北	江西、安徽、广西、海南、湖南、河南、吉林	广东、辽宁、四川	其他省区
2010	北京、天津、上海、江苏、浙江、山东、福建、河北	江西、安徽、广西、海南、湖南、河南、吉林	广东、辽宁、四川	其他省区

资料来源：作者计算整理所得。

从空间集聚的地理位置来看，对外贸易发展较快的省区越来越集中在东部沿海地区，并且日益集中于长江三角洲和环渤海地区，如图 3 - 14 所示。2001 年和 2010 年，四种集聚类型包含的省区是一样的，呈现出某种固化的趋势。其中，东部沿海 11 省区中有 8 个省区处于高 - 高集聚型地区，广东、辽宁属于高 - 低集聚型；中部 8 省区中安徽、江西、吉林、湖南和河南处于低 - 高集聚型，其他 3 个省区则是低 - 低集聚型；西部 11 省区中广西处于低 - 高集聚型，四川（包括重庆）属于高 - 低集聚型，其他 9 个省市都位于低 - 低集聚型地区。

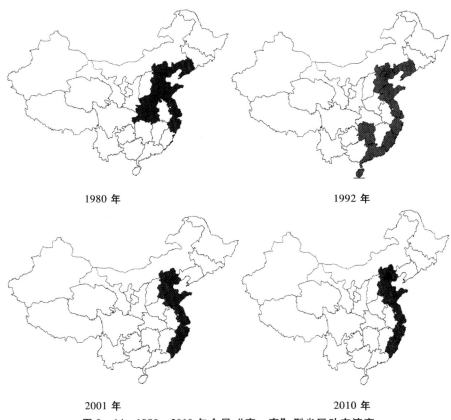

图 3 - 14　1980 ~ 2010 年全局"高 - 高"型省区动态演变

资料来源：作者利用 GeoDa 软件计算绘制。

四　中国 30 个省区对外贸易的局部空间特征：辐射效应

由于 Moran 散点图仅仅给出了各省份的集聚类型，并没有给出相应的显著性水平，所以为了进一步明确各省区对外贸易空间集聚的变动情况，我们接下来使用 LISA 分析方法对考察期内局部空间集聚的变动特征进行分析。根据局部 Moran 指数的定义，I_i 取值大于零，表示该空间区域与邻近区域单元的属性相似，属于高 - 高集聚型或低 - 低集聚型。如果 I_i 取值小于零，表示该空间区域与邻近区域单元的属性不相似，属高 - 低集聚型或低 - 高集聚型。本节重点关注 $I_i > 0$ 且统计显著的情况。对于那些 $I_i > 0$ 且统计显著的高值局部集聚区，则可以认为代表着国内对外贸易发展的核心区域，相关省区对于周边省区可以通过前后向联系、人员技术流动等对周边省区产生积极的辐射带动作用（极化效应）。如果一个省区属于低 - 低集聚型，可以认为该省区的对外贸易发展比较滞后，其对周边省区有负向的辐射效应和影响。表 3 - 5 给出了基于正态分布假设检验的局部 Moran 值和对应的 P 值，我们在此仅报告显著的统计量（P < 0.05），分别报告 1980 年、1992 年、1997 年、2001 年和 2010 年这 5 个重要时间点上的有关结果。通过对比可以发现以下几点。

第一，整体而言，在 1980 年、1992 年、1997 年、2001 年和 2010 年的 5 个时间点上，存在显著局部空间自相关的省份基本都是东部和西部省区。其中，高 - 高集聚型的全部为东部沿海省区，低 - 低集聚型的全部为西部省区。这进一步验证了表 3 - 4 的结论。

第二，从局部空间自相关的发展过程来看，$I_i > 0$ 且高 - 高集聚型的省份有所增加，如高 - 高集聚型省份在 1980 年和 1992 年都只有 1 个，此后在 1997 年和 2001 年增加到了 3 个，最终在 2010 年增加到了 4 个。低 - 低型集聚的省份在 1980 年为 1 个，此后增加到 5 个左右（云南省的外贸表现不稳定），这反映出随着对外开放的扩大，西部地区由于地理位置、政策倾向等原因相对于东部沿海地区的发展更为滞后，越来越多的省区陷入低 - 低集聚的不利发展模式，中国对外贸易的地区差距不断扩大。2000 年以来，国家适时推出了"推进西部大开发""振兴东北地区等老工业基地""促进中部崛起"等一系列促进区域协调发展的战略，受到这些战略的积极影响，到了 2010 年，低 - 低集聚的省区由 2001 年的 5 个减少到 2 个，政策效果明显。低 - 高型和高 - 低型显著的省区较少，值得注意的是，四川（包括重庆）自 1992 年以来就处于高 - 低集聚地区，表明四川相对周边西部各省区，在对外贸易方面表现相对出色，这也进一步验证了表 3 - 4 的结论。

表3-5 1980~2010年局部Moran I指数显著的省区

时间	1980年			1992年			1997年			2001年			2010年		
类型	地区	局部I	P值	地区	局部I	P值	地区	局部I	P值	地区	局部I	P值	地区	局部I	P值
高-高	河北	0.382	0.048	福建	1.007	0.042	上海 江苏 浙江	1.788 1.164 0.622	0.045 0.025 0.048	上海 江苏 浙江	2.256 1.493 0.800	0.022 0.014 0.044	上海 江苏 浙江 福建	2.454 1.695 0.987 0.734	0.011 0.007 0.020 0.029
低-低	新疆	0.728	0.037	青海 西藏 新疆 甘肃 云南	1.645 1.317 1.036 0.629 0.357	0.01 0.027 0.002 0.006 0.034	青海 西藏 新疆 甘肃	1.613 1.317 1.020 0.797	0.016 0.027 0.0003 0.007	青海 西藏 新疆 甘肃 云南	1.52 1.452 0.92 0.584 0.461	0.016 0.035 0.001 0.019 0.023	新疆 甘肃	0.557 0.475	0.002 0.011
低-高				江西	-0.168	0.03	江西	-0.308	0.047	江西	-0.358	0.049	安徽	-0.0011	0.046
高-低	广西	-0.448	0.042	四川	-0.102	0.002	四川	-0.054	0.003	四川	-0.069	0.002	四川	-0.256	0.0016

资料来源：作者根据Moran散点图统计整理。

第三，从不同时间点各省区的变动来看，首先，河北在 1980 年属于高－高型集聚区，此后再未能进入高－高型集聚区；福建在 1992 年进入高－高型集聚区之后，未能继续留在这个区域，于 2010 年再次返回高－高型集聚区；浙江和江苏在 1997 年进入高－高型集聚区，此后就一直留在这个区域中。这表明从 20 世纪 90 年代中期开始，以上海、江苏和浙江为代表的长三角地区在对外贸易方面走在了全国的前列。其次，低－低型集聚区在 1980 年只有新疆，此后的 1992 年、1997 年、2001 年陆续有西藏、青海、甘肃和云南加入，云南在 1997 年暂时离开这个区域，随着国家区域协调政策的实施，2010 年低－低型集聚区只有新疆和甘肃。

第四，从各省区的辐射带动效应和局部 Moran 指数的绝对值来看，对周边省区能够产生积极带动辐射效应，即高－高型集聚显著的省区数目在增加，如 1980 年和 1992 年都仅有一个省的辐射带动作用显著，而此后逐渐增加到 3 个和 4 个。另外，这些高－高型集聚显著省区的辐射带动能力在逐渐增强，如 1997 年上海、江苏、浙江的局部 Moran I 值分别为 1.788、1.164、0.622，到了 2001 年其 Moran I 值为 2.256、1.493、0.800、2010 年则进一步增大到 2.454、1.695、0.987。新疆、青海、西藏、甘肃一直是对外贸易发展比较落后的地带，尤其是新疆在所有时间点中都属于低－低显著型集聚，但是过去二十年来，青海、新疆和西藏的负向辐射效应在减弱。总体而言，以新疆为中心的负向增长极效应也很稳定，其效应大小经历了倒 U 形变化，即从小到大随后又减小；以上海为中心的正向增长极效应日益显著且稳定。该发现也验证了本章第二节中通过区位熵指数得出的结论。

第五，从北京、上海和广东三个最发达的省市来看（见表 3－6），北京的局部 Moran 指数虽然都大于 0，但是其数值都小于 1 且不显著，说明北京的对外贸易对周边省区的辐射效应不明显；广东的局部 Moran 指数除了在 1992 年为正值之外，其他年份的指数值都小于 0 且不显著，不能对周边省区的对外贸易产生正面的辐射带动效应；上海的局部 Moran 指数一直都大于 1，其数值一直在逐步增大，并且显著性水平也在逐渐提高，从 2001 年开始成为名副其实的全国第一大外贸增长极。总的来说，北京和广东的增长极效应一直没有出现，而上海的增长极效应逐渐增强。

表 3 - 6 部分时间点北京、上海和广东局部 Moran I 指数表

	1980 年		1992 年		2001 年		2010 年	
	局部 I	P 值	局部 I	P 值	局部 I	P 值	局部 I	P 值
北京	0.787	0.06	0.224	0.24	0.712	0.19	0.607	0.234
上海	1.101	0.13	1.458	0.07	2.256	0.022	2.454	0.011
广东	- 0.690	0.36	0.284	0.318	- 0.432	0.39	- 0.257	0.42

资料来源：作者计算整理所得。

第六，在西部各省区中，四川（包含重庆）在对外贸易方面的表现可以说是"一枝独秀"。如表 3 - 5 所示，从 1992 年开始四川（包含重庆）就开始进入高 - 低聚集区，此后一直处于这个类型，局部 Moran 指数的绝对值逐渐增大，显著度也呈增加趋势。从数据上看，四川和重庆在西部 11 个省区中对外贸易发展速度较快，特别是进入 21 世纪以来尤为明显，在西部地区的领先地位日益凸显，这说明四川和重庆地区具有成为区域增长极的趋势和潜力。2011 年国家批复的《成渝经济区区域规划》即明确了成渝经济区到 2015 年建成西部地区重要的经济中心。

由于局部自相关分析建立在全局自相关的基础之上，显著性检验使用条件置换方法，这里给出各省区对外贸易的显著性 LISA 图，与前文的分析结果相比较，能够得到更为直观的结论，结果如图 3 - 15 所示。

在对 1980 年以来中国各省区对外贸易的局部自相关进行描述性分析之后，我们进一步分析中国各省区对外贸易增长极和集聚形态变化的原因。我们认为各省区集聚形态和辐射效应的变动与中国地区经济发展的战略和政策演变有关，也与各地区承接国际产业转移和区域竞争模式有关。

20 世纪 80 年代，我国采取了重视沿海地区发展的非均衡发展战略，提出优先发展东部沿海地区，这种地区不平衡发展战略导致高 - 高集聚型的省区全部为东部沿海省区，低 - 低集聚型的省区全部为西部省区。改革开放初期，广东凭借临近香港和东南亚地区的优越地理位置和国家有关优惠政策的照顾，通过对外开放承接了由亚洲四小龙和日本转移来的制造业加工组装工序，引进了大量外商投资企业从事劳动密集型产业的加工和组装，如服装、玩具、鞋类等。由于这些企业很多从事"两头在外"的加工贸易型生产，原料来源和产品出口均与境外联系紧密，而与周边省区广

西、湖南、福建企业的前向与后向联系较少，相应的辐射带动能力也较弱，因此一直未能形成较为显著的集聚区域。

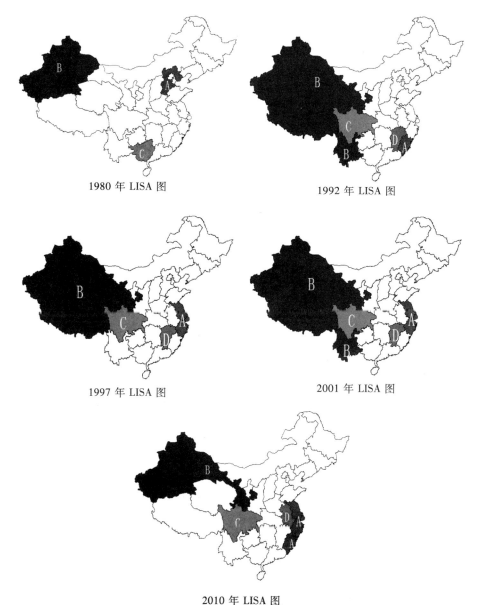

1980 年 LISA 图　　　　　　1992 年 LISA 图

1997 年 LISA 图　　　　　　2001 年 LISA 图

2010 年 LISA 图

图 3-15　1980~2010 年各类型省区集聚动态演变

注：A 片区表示高-高显著，B 片区表示低-低显著，C 片区表示高-低显著，D 片区表示低-高显著。

资料来源：由 GeoDa 软件绘制所得，仅包含大陆地区。

进入 20 世纪 90 年代中期以后，国家继续实施扩大对外开放的政策，如上海浦东新区的开放开发，苏州建立新加坡工业园吸引加工制造业企业。此时国际产业转移的模式也有了新的变化，主要转移的产业为资本密集型和技术密集型产业，如机械制造、化工、电子、通信等零部件和中间产品的生产，再加上上海、江苏等地具有良好的工业基础和人才优势，长三角地区很好地抓住了此轮国际产业转移的机遇。同时由于长三角地区的城市主动推进区域经济一体化的发展，加强区内外经济合作，推动相邻区域的产业配套和分工不断发展与深化，促进周边省区与这些中心省区进行配套，使得上海对江苏和浙江、江苏和浙江对周边省区的辐射效应相应地不断增强。

相应的广东对周边省区的辐射拉动作用不大，这可能是由于"泛珠三角"地区一体化程度不高。"泛珠三角"地区除广东外，其他地区都非经济发达省区，相互间的分工协作较少，都建立"小而全"的经济体系，相互间的一体化程度不高，不能形成规模经济效应，这与全球分工从产品分工到要素分工、价值链分工的新发展趋势不符，由此大大降低了广东与周边地区的要素关联和产业关联，降低了广东省对外贸易发展对周边地区的辐射效应和带动作用①。

本节利用近年来兴起的主流空间统计分析方法，采用全局 Moran 指数、局部 Moran 指数、LISA 方法，对 1980 ~ 2010 年中国各省区对外贸易的空间自相关性进行了系统分析，考察了各省区对外贸易发展的集聚效应和辐射效应以及相关变动情况，主要得到了以下分析结论：在样本考察期内，中国各省区的对外贸易发展存在显著的空间自相关性，且整体上呈现出上升的态势。从空间集聚的特征来看，高 - 高型集聚和低 - 低型集聚占主导地位，处于高 - 高集聚型的多为东部沿海省区，低 - 低集聚型的几乎全部为西部省区。从空间辐射效应来看，20 世纪 90 年代中期以来，以上海、江苏、浙江为代表的长三角地区有着很强的正向辐射效应，并且以上海为中心的正向增长极效应日益显著，长三角地区成为中国对外贸易发展的重要增长区域。

---

① 这里需要说明的一点是由于本书分析珠三角地区时没有将香港和澳门纳入分析范围，如果将这两个地区纳入分析，则很可能对广东的结果造成影响，因为广东与香港有很强的经济贸易往来。

第四节　本章小节

本章首先对中国 1980～2010 年的总体对外贸易情况进行了描述性分析。在贸易方式方面，1994～2010 年，除 2008 年外，加工贸易的比重一般都高于一般贸易，几乎占据中国对外贸易的半壁江山；一般贸易的比重到 1996 年下降到整个期间的最小值，为 35.3%，此后逐渐回升，于 2011 年首次突破 50%。东部地区的对外贸易在中国对外贸易中占据着绝对主导地位，并且随着改革开放的深入，对外贸易地区分布不均衡的特征进一步加强。

在第一节分析的基础上，第二节利用多种指标包括标准差、变异系数、泰尔指数和区位熵指数来进一步描述中国地区间对外贸易的差异。结果发现，在 1991 年以前，对外贸易的地区间差异是较小的，从 1992 年开始，各省区间差异迅速拉大。自 1980 年以来，中国对外贸易的地区差距现象相当明显，但不均衡的程度在近年来有逐步降低的趋势；东部和中部的对外贸易不均衡程度呈逐步缩小的趋势，西部则没有明显的趋势；自 1992 年之后，对外贸易的地区间不均衡是总体不均衡的主要来源，平均贡献了总体差距的 75% 左右。另外，从 1991 年之后，对外贸易对中国经济增长的促进作用整体表现为下降的趋势，对中国经济增长的促进作用存在类似于“边际效应递减”的效应；贸易发展领先的地区越来越集中于东部沿海地区，中西部省区在后来的贸易开放过程中越来越落后。所以对于中国对外贸易地区分布不均衡的分析，将有助于我们更加深入地认识中国地区差距问题。

最后利用空间统计分析（Spatial Statistics Analysis）方法来研究样本期内中国各省区对外贸易发展的集聚效应和辐射效应以及相关变动情况。通过采取全局 Moran 指数、局部 Moran 指数、LISA 方法，讨论并形象地展示了样本期内中国各省区对外贸易不同集聚类型的空间变动特点。结果发现，在样本考察期内，中国各省区的对外贸易发展存在显著的空间自相关性，且整体上呈现出上升的态势。从空间集聚的特征来看，高 - 高型集聚和低 - 低型集聚占主导地位，处于高 - 高型集聚区的多为东部沿海省区，处于低－低型集聚区的几乎全部为西部省区。从空间辐射效应来看，20 世纪 90 年代中期以来，以上海、江苏、浙江为代表的长三角地区有着很强的正向辐射效应，并且以上海为中心的正向增长极效应日益显著，长三角地区成为中国对外贸易发展的重要增长区域；北京和广东的增长极效应一直没有出现。四川和重庆在西部 11 个省区中对外贸易发展速度较快，在西部地区中"一枝独秀"，以成都和重庆为核心的川渝地区具有成为区域增长极的趋势和潜力。

第四章

对外贸易与 FDI 区域分布非均衡[*]

改革开放以来至 2011 年底，按存量计算，中国已累计实际利用外商直接投资（FDI）达到 11626.13 亿美元[①]。外商直接投资加速了中国的工业化进程，推动了产业结构的优化升级，创造了大量就业机会，同时也促进了国内企业的技术进步和地区经济增长。虽然中国吸引了大量的 FDI，但 FDI 在中国地区间的分布是极不均衡的。截至 2011 年底，东部累计吸收的 FDI 占吸收总额的 83.9%，而中部和西部的比率分别仅为 8.31% 和 4.27%，即绝大部分的 FDI 落户在东部[②]。

外商直接投资带来的资本及知识溢出显著地促进了中国区域经济增长（陈继勇、盛杨怿，2008），与此同时，中国地区间的收入分配不平等的状况却在持续加剧，这其中 FDI 扮演了重要角色。FDI 是一揽子特定资产的组合，各省区都竞相出台优惠政策以吸引 FDI 的进入。本章将重点从外部性和贸易开放两个主要方面来考察外商直接投资地区分布非均衡的决定因素，并重点关注贸易开放在吸引 FDI 方面的内生性。通过分析哪些因素在多大程度上对 FDI 的空间决策产生影响，有助于制定相应政策来改变外商直接投资地区结构失衡，从而有利于区域经济协调发展与构建和谐社会。

本章的结构安排如下：第一节将首先回顾 FDI 与进出口贸易的理论基

---

* 本章第二节的内容发表在《经济评论》2011 年第 6 期上；本章第三节和第四节的内容发表在《国际贸易问题》2014 年第 4 期上，最早于 2011 年 6 月在留美经济学年会上汇报。

① 资料来源：《中国贸易外经统计年鉴 2011》和《中华人民共和国 2011 年国民经济和社会发展统计公报》。

② 资料来源：原始数据来源同上，经作者计算得出。

础，然后描述性分析外商对华直接投资与中国进出口贸易的关系以及外商在华直接投资的地区分布非均衡问题；第二节将重点从外部性和贸易开放两个主要方面来考察外商直接投资区位选择的决定因素，并重点关注贸易开放在吸引 FDI 方面的内生性问题；第三节为本章小结。

第一节 外商在华直接投资与中国进出口贸易的关系

一 FDI 与进出口贸易的理论基础

经济自由化过程不仅能够扩大出口，而且还能带来外商直接投资（FDI）的流入，FDI 的贸易效应有如下三个方面。其一，贸易替代效应。在两国生产函数相同或相似的情况下，一种商品如果以外商直接投资的方式进入一国市场，则 FDI 会替代贸易。其二，贸易创造效应。从产品生命周期理论来看，发达国家向发展中国家的 FDI 可以创造母国和东道国之间的贸易机会。小岛清教授有大量关于国际直接投资和国际贸易的论著，认为投资国的对外直接投资应从本国处于比较劣势的边际产业开始依次进行，同时，投资国可以集中精力创造和开发新的技术和比较优势，从而使两国间的比较成本差距扩大。其三，贸易补充效应。外商在东道国投资后，往往会有后续的维修、售后等支持性活动，这些后续活动会促进和增加母国和东道国之间的贸易。

二 外商对华直接投资与中国进出口贸易的关系

改革开放以来，在以经济建设为中心和坚持改革开放的基本路线指引下，中国开始积极有效地利用外资，试图通过吸引外商直接投资来深化和促进改革，推动经济增长，促进产业结构优化和技术进步（陈继勇、雷欣，2008）。

外商在华直接投资的发展可以划分为三个阶段：起步阶段（1978 ~ 1991 年）、高速发展阶段（1992 ~ 2000 年）、稳定增长阶段（2001 年至今）。从图 4 - 1 中可以看出，外商直接投资与中国进出口贸易的同步和背离变化也经历了如上所述的三个阶段：第一阶段（1983 ~ 1991 年），外商直接投资和进出口贸易均缓慢增长，其变化是基本同步的；第二阶段（1992 ~ 2000 年），外商直接投资高速增长，进出口贸易增长速度远低于 FDI

的增长速度，两者出现了背离；第三阶段（2001 年至今），外商直接投资与进出口贸易都在稳定中快速增长，两者基本是同步的。由此可以大致看出，外商在华直接投资与出口贸易之间表现出互补的关系，而非替代关系。

图 4－2 显示的是 1981～2011 年外商在华直接投资企业的进出口额占全国的比重，从图中可以看出，外商在华直接投资企业的进口额占全国进口额的比重在 1996 年就超过了 50%，而出口和进出口的比重首次达到 50% 则是 2001 年。这可能和中国在全球价值链分工中的地位有关，改革开放到 21 世纪初，中国作为世界工厂，外资看中的是中国廉价的丰富的劳动力资源，大量的外资企业将劳动力密集型的组装等工序移至中国。这种原材料和市场"两头在外"的模式导致了外资企业的进口占中国总进口的一个较大比例。2001 年及之后外商在华直接投资企业的进口额、出口额和进出口额都占到了中国外贸总额的一半以上。

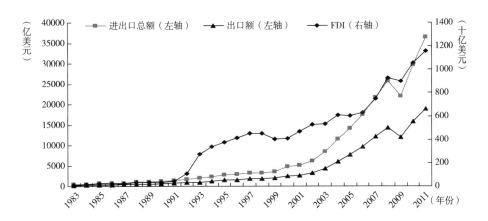

图 4－1　1983～2011 年外商在华直接投资和全国进出口金额

资料来源：《中国贸易外经统计年鉴 2011》和《中华人民共和国 2011 年国民经济和社会发展统计公报》。

外商投资企业已成为中国发展高新技术产业的主体力量。外资企业出口的高新技术产品一直占全国高新技术产品总出口的较大比例，从 1995 年的 50.49% 到 2000 年的 80.51%，一直到 2007 年的 86.75%[1]。高新技术产

---

[1]　黄新飞：《FDI、贸易开放与经济增长——基于中国的经验分析》，经济管理出版社，2010，第 47 页。

品出口促进了中国对外贸易结构的升级，同时 FDI 流入能够引进国外先进技术、设备和管理经验，促进国内产业升级和结构调整。

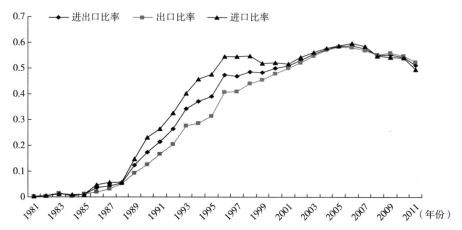

图 4-2　1981~2011 年外商在华直接投资企业的进出口额占全国的比重

资料来源:《中国贸易外经统计年鉴 2011》和《中华人民共和国 2011 年国民经济和社会发展统计公报》。

三　外商在华直接投资地区分布非均衡的描述

改革开放以来，中国利用外商直接投资取得了巨大的发展，但外商直接投资在中国的地区分布失衡现象却十分突出，如图 4-3 所示。

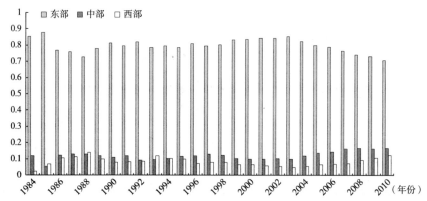

图 4-3　1984~2010 年东、中、西部吸引的外商直接投资占全国的比重

资料来源: 各省市统计年鉴。

从图 4-3 可以看出，1990~2006 年东部沿海省区吸引的外商直接投资金额一直占当年全国利用外商直接投资全额的 80% 以上，2007～2010 年东部地区吸引 FDI 的比例逐渐减小直到 2010 年的 70.8%；中部地区吸引 FDI 的比例一直维持在 16% 左右；而西部地区的比例在逐步增大，2010 年达到 12.4%，小于中部利用外商直接投资的比例。

　　总体来说，改革开放以来，东部沿海省区凭借优越的地理位置、政策优惠，在中国承接国际产业转移的大背景下吸引了绝大部分的外商直接投资。外商直接投资通过示范效应、竞争效应、人员流动和培训效应、产业间的前后向联系效应等来促进东道国或地区的技术进步和经济增长。同时，外商在华直接投资的进出口贸易在中国的对外贸易中占有"半壁江山"之多，特别是在高新技术产品的出口中比例更大。因此，在贸易开放的背景下，外商直接投资在中国各地区分布的非均衡会导致地区间经济增长绩效的差异，从而拉大地区差距。下一节我们将从对外贸易和外部性两个主要方面来考察外商直接投资地区分布非均衡的决定因素，并重点关注对外贸易在吸引 FDI 方面的内生性。

第二节　对外贸易与 FDI 区域分布非均衡

一　相关理论回顾

　　文献中已有一些研究关注外商直接投资在一国国境内的区位选择问题，如 Coughin 等（1991，2000）的研究发现，可用土地面积、人均收入、工资率、工会化的程度、交通设施状况、税率和制造业集聚等因素是新增外资工厂在美国区域分布决策的重要影响因素。同时也有一些学者研究了外商直接投资在中国的区位选择和区位差异问题，如 Sun、Tong 和 Yu（2002）发现在 1986～1991 年和 1992～1998 年这两个子区间内，FDI 在中国区位选择的某些要素的重要性发生了变化，并且在 1992～1998 年子区间内，开放度越高的地区吸引的 FDI 越多。Li 和 Park（2006）发现外资企业在某省区产业内的集聚有利于 FDI 的进入，而国有企业的集聚则不利于 FDI 的进入，各省的产出规模对 FDI 的区位决策没有显著的影响。Amiti 和 Javorcik（2005）的实证分析表明，市场可进入性（Market Access）和中间产品供应商的可进入性（Supplier Access）是 FDI 进入的决定性因素，该分析强调了某省区与周边地区联系的重要性，即该地区市场规模的重要性。Du、Lu 和 Tao（2008）对美国跨国公司 1993～2001 年在中国区位选择决策的研究发现，美国的跨国公司倾向于在拥有良好的知识产权保护、商业领域中低程度的政府干预、低水平的政府腐败和更好的合约执行力的地方投资。但是，Du 等的研究没有考虑到各省区开放度的不同对外商吸引力的差异。Tuan 和 Ng（2003）把 Kurgman（1991）的"中心－外围"模型运用到香港－珠江三角洲的实证分析中发现，特别是对制造业行业而言，离香港越远，运输成本越高，吸引的外资企业数量和投资金额越少。孙俊（2002）的研究表明，产业结构、优惠政策、开放水平和市场化程度是影响我国 FDI 区域聚集的主要因素。王剑和徐康宁（2005）以江苏省的外资企业样本数据考察了外资企业在江苏省内的区位选择，结果发现 FDI 的区位选择具有显著的产业聚集特征；与 1993～1997 年这一时间段相比，1998～2002 年，市场规模对 FDI 区位选择定位的重要性逐步显现，共享聚集利益和较大的潜在市场规模成为 FDI 区位选择的决定性因素。徐康宁和王剑（2006）发现外商直接投资在江苏的区位选择具有地理性聚集的特征，并呈现出显著的来源地效应。然而，徐康宁等（2005，2006）的实证模型中并没有明确考虑集聚来源的因素。张俊妮和陈玉宇（2006）发现外资企业在某省区的产出比例提高会增加新外资进入该地区的概率。冯涛、赵会玉和杜苗苗（2008）的研究表明，外资在中国省际区间具有明显的集聚特征，并且全国八大区域吸收的 FDI 呈现出明显的条件 β 收敛和俱乐部收敛；地理位置是影响 FDI 区域分布非均衡的重要因素。

在上述研究中，很多学者都提到了集聚因素对 FDI 的吸引作用（Coughin 等，1991，2000；Li、Park，2006；Tuan、Ng，2003；王剑、徐康宁，2005；徐康宁、王剑，2006；张俊妮、陈玉宇，2006；冯涛、赵会玉、杜苗苗，2008）。而集聚又是由何原因产生的呢？集聚的思想最早可追溯至马歇尔（Marshall，1920），他指出企业追求内部和外部规模经济是导致集聚的原因，专业化的劳动力、稳定的中间产品投入和最终产品需求、技术外溢是最主要的集聚利益①。集聚经济源于生产过程，企业机构和基础设施在同一地理区间内的互动联系能够带来规模经济和范围经济，促进专业化劳动力市场的发育，促进专业化技能和投入要素的集中，共享基础设施和其他区域外部性，使企业能够从各种外溢活动中获得好处。集聚带来的三个利益中，有两个是与技术外部性有关，即有行业所需技能的熟练劳动力、技术和信息外溢；一个是与货币外部性有关，即获得稳定的中间产品投入和最终产品需求。技术外部性，即技术外溢或知识外溢，主要表现为不同产业或企业的企业家、设计者和工程师之间有用技术信息的交流。货币外部性是指与需求或供给相联系的一种效应，在完全竞争的一般均衡里，货币外部性不会对整体福利有影响，而当存在市场力量和规模经济时，整体福利则会有所变化。上下游产业之间的需求联系和成本联系以及两者间的互动通过市场机制带来的好处称为"货币外部性"。

随着企业集聚的增多，这种企业之间通过人与人之间的交流、交换信息而产生的技术外部性会更大。但是，知识交流存在距离衰减，只有当企业相互靠近时，它们之间的交流才是最有效的（李君华，2009）。并且企业所使用的知识本质上是隐性知识，这种知识很难从一个地点转移到另一个地点，对于这种知识而言，人与人之间近距离的交流是至关重要的。符森（2009）用中国 1990 ~ 2006 年 30 个省市截面单元的空间计量模型分析显示，空间距离达到 800 千米以后，技术外溢效应快速递减。考虑到中国省与省之间存在的大量无形贸易壁垒，实际外溢距离应该会远远小于 800千米（一个省区或最多两个省区）。因此，如果知识和技术外溢效应只存在于一定的较小的空间范围内，外商投资企业的位置就可能作为公司获得竞争优势的手段，这些竞争优势可以通过企业间的相互模仿、竞争和人才流动来实现。鉴于技术外溢在空间传播的范围有限，那么技术外部性导致的集聚对于 FDI 在中国省区的区位选择有显著的影响吗？本节将尝试回答

---

① 《经济学原理》（中译本）第四篇第 10 章中讲道，"主要依赖一种工业的区域，如果对这种工业的产品需求减少，或者用的原料供应有所减少，那么就容易遭受到极度萧条的影响。有高度发达的集中不同工业的大城市或大工业区在很大程度上就能避免这种弊端"。因此，从这里看出，马歇尔提到的集聚的好处之一应该是有稳定的中间产品投入和最终产品需求，而不是单纯的中间品投入（王剑、徐康宁，2005；徐康宁、王剑，2006）。

这些问题。

与货币外部性有关的出口开放度和国内省区的潜在市场规模（或潜在市场潜力，Regional Market Scale）都是吸引 FDI 的重要因素，两者表现为货币外部性的需求方面。很多研究都表明开放度提高能够引致更多的 FDI，这和中国的现实情况是一致的。东部地区的开放度平均来说远远高于中部地区和西部地区，Redding 和 Venables（2004）认为地理区位会影响商品、要素和信息的流动，因此，地理区位自然也会影响外商直接投资的区位选择。地理区位不同，很容易造成各省区的出口开放度不同。市场规模也是吸引 FDI 的一个重要因素（Coughin 等，1991，2000；Ledyaeva，2009），一般来说，市场规模越大的省区，吸引的 FDI 也越多，因为外商服务于这个较大的市场时，运输成本较小。王徐广和范红忠（2008）的实证研究表明，对各省来说，并不是出口开放度越高越有利于吸引 FDI 的流入。出口开放度代表了国外市场的需求，同时在某种程度上也能表明对外出口成本。在一个适宜的出口开放度水平之下时，出口开放度越高，表示国外市场需求越大，对外出口成本越小，越有利于弥补该地区的潜在国内市场规模的狭小和不足，从而吸引更多的外资；在一个适宜的出口开放度水平之上时，较低的交易成本和较大的国外市场需求可能会使该地区的潜在市场规模重要性下降，反而降低该地区对 FDI 的吸引力。表现在实证上，就是在 FDI 吸引力决定因素的计量方程中，潜在市场规模和出口开放度变量的系数为正，而潜在市场规模和出口开放度交叉项的系数为负。出口开放度代表了国外市场的需求，也表明了对外出口成本，因此，出口开放度和国内的省区市场规模都是吸引 FDI 的重要因素。

但是上述很多文献都没有关注和控制开放度这个变量的内生性问题（如 Sun、Tong 和 Yu，2002），如财政分权以后，越富裕的省区，越有条件通过改善本地的基础设施来扩大本地企业的出口，也有利于吸引 FDI 发展加工贸易（黄玖立、李坤望，2006）。因此，本节将参考黄玖立和李坤望（2006）的方法，并在此基础上构造一个地理因素变量（海外市场可达性）作为出口开放度的工具变量。

二　变量构造、计量模型和数据来源

(一)　变量构造

货币外部性选取国内省区的潜在市场规模和出口开放度作为代理变量，前者反映国内某省区的市场规模，后者反映国外市场的需求。技术外部性选取创新能力和创新效率作为代理变量。

1. 出口开放度

出口开放度用省 i 的出口额占其当年地区生产总值的比重来衡量。如本节第一部分所述，很多文献都没有关注和控制开放度这个变量的内生性问题。Frankel 和 Romer（1999）在研究跨国经济增长与贸易关系时，为了控制开放度的内生性，通过加入地理变量引力方程模型来构造"理论上"的开放度。Alesina 等（2005）构造的贸易开放度的工具变量除了考虑地理距离之外，还加入了一组关于国家特征的虚拟变量。本书参考 Wei 和 Wu（2001）、黄玖立和李坤望（2006）的方法来构造出口开放度的工具变量——海外市场可达性（Foreign Market Access），以此来控制出口开放度对 FDI 区位选择的内生性影响，从而消除 OLS 估计的有偏性[①]。FMA 的构造是取各省区省会城市到海岸线距离的倒数（乘以 100）为国外市场接近度，其中沿海省份到海岸线距离为其内部距离 d_{ii}；内地省份则为该省会城市到中国最大的五个港口（上海港、深圳港、广州港、宁波 - 舟山港、天津港）的最近距离 D_{ij}[②]。这样，假设 R 为沿海省份的集合，则第 i 省的海外市场可达性可描述为：

$$FMA = \begin{cases} 100d_{ij}^{-1}, & i \in R \\ 100D_{ij}^{-1}, & j \notin R \end{cases} \tag{4.1}$$

由于地理距离是不随时间变化的，因此，无论是固定效应还是随机效应都无法估计出 FMA 的系数。因此，同时为了反映动态特征，我们用官方

[①] 这里的海外市场可达性主要是指出口货物对欧美等主要发达国家和地区市场的可达性，因此这里就排除了从广西和云南等地的陆路以及广西港口的出口。类似观点请见陈钊、陆铭和许政（2010）。

[②] 关于 FMA 构造的理由和数据请见本章附录二。

名义汇率对国外市场可达性进行调整，即 1999~2007 年的人民币对美元的名义汇率乘以各省的海外市场可达性[①]。

2. 潜在地区市场规模

实证研究中经常用地区生产总产出（GRP）、地区总人口和地区人口密度来衡量市场规模（Ledyaeva，2009）。黄玖立和李坤望（2006）指出，第一，相比于用总人口代表市场规模，由于中国各省区人均收入存在显著差异，城市化和市场化程度也相差较大，因此，采用各省区的地区生产总值更加合理；第二，某一特定省区的地区市场规模既应反映来自本省区的需求，也应包括来自其他省区的需求，同时，因地理位置的不同，各省区的地区市场规模显然也有所差异。从生产和分工的角度看，"中心"省区交通便利，有利于节省运输成本，市场规模相对较大。本书用新经济地理学的市场潜力（Market Potential）指标来表示地区市场规模。新经济地理学将市场潜力定义为：某一省区所面临的潜在的市场容量是一个空间加权平均值，其与本省区及其他省区的总收入成正比，与该省区到其他省区的距离成反比（Harris，1954）。[②] i 个省区在 t 时期的地区市场规模 RMS_{it} 可表示为：

$$RMS_{it} = \sum_{i \neq j} \left(\frac{y_{jt}}{d_{ij}} + \frac{y_{it}}{d_{ii}} \right) \tag{4.2}$$

其中，y_{jt} 为 t 时期 j 省区的地区生产总值，y_{it} 为 t 时期 i 省区的地区生产总值，d_{ij} 为 i、j 两省会城市间的距离，d_{ii} 为 i 省区的内部距离[③]。

3. 创新能力（Innocapa）

创新能力越强，发明专利越多，而由这些创新导致的潜在的知识和技术溢出的可能性也越大。随着中国市场上的竞争越来越激烈，靠单一产品

---

① 黄玖立和李坤望（2006）只说明选取"中国官方汇率数据"，但并未说明是何汇率指标。考虑到中国人民币汇率形成机制，因此，这里选取人民币对美元的官方名义汇率。

② Harris（1954）计算市场潜力的公式为：$P = \sum \left(\frac{M}{d} \right)$，其中，$M$ 表示一个城市或乡村的零售总额，d 实际上是从该地点到其他地方的输入成本，包括陆路卡车运输、铁路运输和海洋运输，作者 Harris 分别计算了这些方式的运输成本。

③ 各省区的内部距离取其省区地理半径的 2/3，即 $d_n = \frac{2}{3} \sqrt{S_i/\pi}$，其中，$S_i$ 为 i 省的陆地面积。

就能满足市场需求的日子已经一去不复返了。外资厂商必须通过创新和研发来不断推出新产品以满足中国消费者的需求。如中国手机市场推出新机型的速度大大高于欧美厂商，国外汽车厂商在加强本地化采购的过程中也加大了新车的引进力度①。在我国，专利包括发明、使用新型和外观设计三种形式，而在这三种形式中，发明专利相比其他两种形式的专利，其技术含量高，是衡量创新产出的较好指标，更能客观地反映出一个地区的原始创新能力与科技综合实力（白俊红、江可申和李靖，2009）。因此，本节采用各省区平均每万人拥有的发明专利的数量来衡量创新能力。中国各省吸引 FDI 数量与创新能力的散点图如图 4-4 所示。

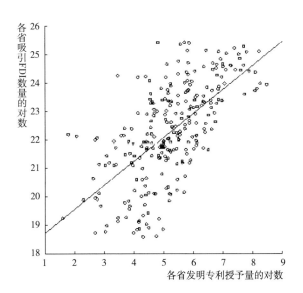

图 4-4 中国各省吸引 FDI 数量与创新能力

资料来源：中经网统计数据库，各省历年统计年鉴和历年《中国科技统计年鉴》。

4. 创新效率（Innoeff）

创新技术的研发需要科技研发人员和研发资本的投入，而创新效率高的地方，在相同数量投入的情况下，能够得到较高的产出，从而节约了研发成本。因此，我们认为创新效率高的地方，FDI 的数量也较多。

目前，文献中衡量效率的方法主要有参数法和非参数法，其中，参数

① http://www.jixiedianzi.com.cn/content/2009/0315/39059.html.

法主要是随机前沿分析（SFA），而非参数方法为数据包络分析（DEA）。随机前沿分析需要知道确切的生产函数形式，而数据包络分析不需要已知生产函数的具体形式，只要知道投入产出的数据即可通过线性规划的方法来测算效率，可以避免函数形式设定错误而影响结论的准确性。我们参照Fare 等（1994）的基本原理及方法，把每个省看作一个生产决策单位，先确定每一个省创新生产的最佳前沿面，然后通过测度每一个省的样本点距离最佳前沿面的距离来测算创新效率。

关于创新过程的产出，本书选取发明专利授权量作为创新产出[①]。在基于投入角度、规模报酬不变和生产要素强可处置的条件下，设在每一时期 $t = 1, 2, \cdots, T$，第 $k = 1, 2, \cdots, K$ 个省使用 $n = 1, 2, \cdots, x_n^{k,t}$ 种要素得到 $m = 1, 2, \cdots, M$ 种产出 $y_m^{k,t}$。第 k 个决策单位的技术效率可以从如下的线性规划中获得：

$$Min_{\theta, \lambda} \theta$$
$$s.t. \ -y^k + Y\lambda \geq 0; \ \theta x^k - X\lambda \geq 0; \ \lambda \geq 0 \qquad (4.3)$$

在该规划中，θ 是标量，λ 是一个 $K \times 1$ 的常向量，解出来的 θ 值就是我们要核算的决策单元的创新效率值，一般有 $\theta \leq 1$。当 $\theta = 1$ 时表明该决策单元正处于生产前沿上；当 $\theta < 1$ 时，则表明存在 $1 - \theta$ 的效率损失。

李梅和谭力文（2009）以及薄文广、马先标和冼国明（2005）都发现FDI 对我国的技术创新具有正向的促进作用，因此，创新能力和创新效率也可能具有内生性（Simultaneity）。由于专利从授权到运用于生产过程有一定的时滞，并且也可以认为外商是观察到各省区不同的创新能力和效率之后，才做出区位选择的决策，因此，在计量模型中，我们取创新能力和创新效率的滞后一期作为解释变量，这样回归方程可以有效地减少创新能力和创新效率的内生性。即如果滞后一期的创新能力和创新效率能有效地吸引 FDI 的进入，则说明技术外部性是吸引 FDI 进入的一个重要因素。

（二）计量模型

我们在 Amiti 和 Javorcik（2005）、黄肖琦和柴敏（2006）、王徐广和范

[①]　关于用发明专利授权量作为创新产出指标的可行性的讨论请详见白俊红、江可申和李靖（2009）。

红忠（2008）的基础上考察影响 FDI 区位选择的因素，结合已有研究，我们设定如下计量回归方程：

$$\ln fdi = \beta_0 + \beta_1 \ln rms_{it} + \beta_2 exo_{it} + \beta_3 exo_{it} \times \ln rms_{it} + \beta_4 innocapa_{i,t-1}$$
$$+ \beta_5 innoeff_{i,t-1} + \beta_6 humcap_{it} + \beta_7 effsal_{it} + \mu_{it} \tag{4.4}$$

其中，i 和 t 分别表示第 i 个省份和第 t 年；β_0 是常数，表示个体非观测效应；μ_{it} 为随机误差项；$\ln fdi$、$\ln rms$、exo、$innocapa$ 和 $innoeff$ 分别是各省实际利用 FDI 的对数值、潜在市场规模的对数值、出口开放度、创新能力和创新效率；两个控制变量是 $humcap$ 和 $effsal$，分别代表各省的人力资本和工人的效率工资[①]。

$\ln fdi$ 是回归分析中的被解释变量，为各省区的年度外商直接投资实际利用额。它是 FDI 区位选择的衡量指标，反映了各地区对 FDI 吸引力的大小。

$exo \times \ln rms$ 是出口开放度与潜在市场规模的交互项，用来考察二者之间的替代性。根据已有的理论和经验研究，预期 β_3 为负。

$humcap$ 是各省区的人力资本存量。人力资本的度量方法主要有教育经费法、人均受教育年限法和中等教育入学率法等。按照 Barro 和 Lee（1993）的方法，应使用劳动力平均受教育年限来近似人力资本，但结合中国数据的可得性，用全部 6 岁及 6 岁以上人口的平均受教育年限来衡量。根据我国实际情况，小学文化程度为 6 年，初中文化程度为 9 年，高中文化程度为 12 年，大学及以上文化程度为 16 年。

$effsal$ 是各省区工人的有效工资率。仿照姚树洁和韦开蕾（2007），我们将各省各年实际工资除以实际人均国内生产总值所得的比率来衡量有效工资率。该工资变量对外商直接投资的效应很难判断：一方面，工资

---

① 近期关于 FDI 区位选择的一些文献（黄肖琦、柴敏，2006；王徐广、范红忠，2008）都没有考虑政策因素的作用，关于政策因素的代理变量经常有各省区开发区的个数、对外商的优惠税率等。原因可能有两点：第一，对各省的实际优惠税率没有办法得到全面的数据；第二，东部、中部和西部分别现有 32 家、9 家和 13 家国家级经济开发区，其中，东部除了南京经济开发区是在 2002 年之前成立以外，其他的都是在 1995 年之前成立的，而如果是较短的时间序列面板数据，采用固定效应（Within - Group）或随机效应估计的话，对于非时变的变量则无法估计其系数。国家级开发区资料来源于商务部《中国投资指南》，http://www.fdi.gov.cn/pub/FDI/gjjjjkfq/gjjkfqzl/fzbg/fgbg2007/t20080520_ 92948. htm。

反映了生产的成本，因此对外商直接投资有负面的影响；另一方面，工资反映了劳动力质量，因此对外商直接投资有正面影响。这就是为什么实际工资必须除以劳动生产率（这一比率被称为有效工资）。工资的净效应将取决于反映生产成本的负效应和体现劳动生产率的正效应之间的相互作用。单纯的实际工资水平没有比较对象，因此，我们认为有效工资变量比单纯使用实际工资水平变量更能反映出工资对 FDI 区位选择的影响。

（三）数据来源

由于西藏的数据不全，本书样本中共包括 30 个省、自治区和直辖市 1999～2007 年的共 270 个观测点。

各省的地区生产总值、地区生产总值指数、人均地区生产总值、在岗职工平均工资、消费者价格指数、固定资产投资价格指数均来源于中经网统计数据库；1999～2004 年各省实际利用 FDI 数据来源于中经网统计数据库，2005～2007 年数据来源于商务部的统计公报和各省的统计年鉴；6 岁及以上人口受教育程度的数据来源于历年《中国统计年鉴》；1995～2007 年各地区研究与开发机构经费内部支出统计、各地区科技活动人员数和各地区专利授予权数量来源于历年《中国科技统计年鉴》①。

通过各省的地区生产总值（GRP）和地区生产总值指数就可以计算出各省 GRP 的平减指数，将各省的 GRP 全部折算成以 1999 年为基期。

测算创新效率时首先应测算 R&D 资本存量，本书采用永续盘存法来核算 R&D 资本存量。由于研发资本存量的估算对全要素生产率和技术效率的测算相当重要，而资本存量估算对于样本初始年份的选择又相当敏感，在永续盘存法下，初始年份选择得越早，则基年资本存量估算误差对后续年份的影响就越小（张军、吴桂英、张吉鹏，2004）。因此，在考虑

---

① 将科技部（中国主要科技指标统计数据库）中的各省关于研发人员和研发经费的数据与《中国科技统计年鉴》相对照，结果发现，科技部的 R&D 经费和 R&D 人员数据分别与各地区研究与开发机构经费内部支出统计和各地区科技活动人员数相对应，因此，选取这两个指标。海南和广东部分年份的固定投资价格指数缺失，用其该年度中的产出平减指数来代替。

数据可得性的情况下，以 1995 年为基期来测算 R&D 资本存量，计算公式为：

$$K_{it} = (1 - \delta) K_{i,t-1} + E_{i,t-1} \tag{4.5}$$

（4.5）式中，K_{it}、$K_{i,t-1}$ 分别表示第 i 省区 t 期和 $t-1$ 期的资本存量；δ 是折旧率，参考 Griliches（1980）、吴延兵（2006）、白俊红等（2009）的做法，$\delta = 15\%$；$E_{i,t-1}$ 为第 i 省区 $t-1$ 期的 R&D 资本支出流量。朱平芳和徐伟明（2003）指出，由于 R&D 支出主要由固定资产支出和 R&D 活动人员的消费构成，并且两者支出的比例大约各占 45% 和 55%。因此，参考朱平芳和徐伟明（2003）、白俊红等（2009）的做法，构造如（4.6）式的 R&D 支出价格指数。

R&D 支出价格指数 = 0.55 × 消费价格指数 + 0.45 × 固定资产投资价格指数 (4.6)

首先，以 1995 年为基期，对名义 R&D 经费支出进行平减。其次，估计基期的研发资本存量，假设 R&D 存量的增长率等于 R&D 经费支出的增长率，则基期资本存量的估算公式为：

$$K_{i0} = E_{i0} / (g + \delta) \tag{4.7}$$

（4.7）式中，K_{i0} 为基期资本存量，E_{i0} 为基期实际 R&D 经费支出流量，g 为考察期内实际 R&D 经费支出的几何平均增长率，δ 是折旧率。据此，可以算出各期各地区的 R&D 资本存量。但是，这是以 1995 年为基期的 R&D 资本存量，再用上述（4.6）式得到的 R&D 价格指数，将 1999 ~ 2007 年的 R&D 资本存量转化成以 1999 年为基期。

三　实证结果

我们认为在考虑外商在中国的区位投资情况时，各省区间的差异大于时期间的差异，因此，这里选择个体固定效应模型，并对估计系数进行了 White 跨截面方差 - 协方差调整[1]。在各回归模型中，需对残差项做序列相

---

[1]　在做东、中、西部的分地区回归时，自变量是 8 个，中部一共是 8 个省份，而随机效应模型要求横截面的个数大于估计参数的个数，否则无法估计出来。因此，这里就没有报告模型设定的 Hausman 检验。并且，随机效应模型假设个体非观测效应与解释变量无关，而这是一个很强的假定，因此，大多数情况下都是拒绝随机效应更有效的原假设。

关调整①。其中，*fma* 作为出口开放度 *exo* 的工具变量，*fma* × ln*rms* 作为 *exo* × ln*rms* 的工具变量，创新能力的二阶滞后 *innocapa*（-2）作为其一阶滞后 *innocapa*（-1）的工具变量，创新效率的二阶滞后 *innoeff*（-2）作为其一阶滞后 *innoeff*（-1）的工具变量②。*exo*、*exo* × ln*rms*、*innocapa*（-1）和 *innoeff*（-1）Hausman 外生性检验的 *F* 值为 5.98（*p* = 0.0002），因此，拒绝 *exo*、*exo* × ln*rms*、*innocapa*（-1）和 *innoeff*（-1）全都是外生变量的原假设③。

表 4-1 1999~2007 年全国样本回归结果

	GLS			TSLS		
	(1)	(2)	(3)	(4)	(5)	(6)
ln*rms*	0.920 ***	0.973 ***	0.930 ***	0.774 ***	0.891 ***	0.779 ***
	(11.79)	(16.09)	(13.01)	(5.03)	(6.32)	(6.20)
exo	0.48	0.410	0.41	3.853 ***	3.527 **	3.754 **
	(0.80)	(0.62)	(0.69)	(2.50)	(2.30)	(2.44)
exo × ln*rms*	-0.905 ***	-0.830 ***	-0.900 ***	-2.115 ***	-1.846 ***	-2.057 ***
	(-4.01)	(-3.78)	(-4.17)	(-3.81)	(-3.38)	(-3.59)
innocapa (-1)	0.092		0.088	0.201 *		0.195 *
	(1.45)		(1.28)	(1.85)		(1.87)
innoeff (-1)		0.045	0.035		0.0024	-0.040
		(0.68)	(0.49)		(0.016)	(-0.28)
humcap	-0.060	-0.050	-0.056	-0.046	-0.030	-0.05
	(-0.86)	(-0.86)	(-0.81)	(-0.66)	(-0.44)	(-0.67)
effsal	-0.250 *	-0.212	-0.23	-0.383 *	-0.294	-0.37 **
	(-1.68)	(-1.54)	(-1.64)	(-1.86)	(-1.50)	(-2.14)

---

① FDI 的投资区域选择有较强的路径依赖和区域偏好，随着时间的积累也就表现出集聚的特征，因此，模型中残差项的序列相关现象很明显，详见冯涛、赵会玉和杜苗苗（2008）。

② *innocapa*（-2）和 *innocapa*（-1）的相关系数为 0.961，*innoeff*（-2）和 *innoeff*（-1）的相关系数为 0.695。

③ Hausman 外生性检验分两步：第一步是用可疑的内生变量对工具变量和外生变量进行回归，得到残差序列；第二步是对初始的解释变量（包括外生变量和可疑的内生变量）和第一步得到的残差序列回归。如果可疑解释变量是外生的，则残差项的系数应该不显著。对于多个可疑变量的外生性检验则运用有约束的联合 *F* 检验（Wald 检验）。

续表

	GLS			TSLS		
	（1）	（2）	（3）	（4）	（5）	（6）
常数项	22.96 *** （44.85）	22.81 *** （52.20）	22.89 *** （47.66）	22.62 *** （34.33）	22.38 *** （33.59）	22.66 *** （32.74）
AR（1）	0.50 *** （4.78）	0.50 *** （4.86）	0.50 *** （4.70）	0.47 *** （8.27）	0.48 *** （8.32）	0.47 *** （8.16）
调整的 R^2	0.984	0.984	0.984	0.986	0.986	0.985
F	371.2	361.0	349.5	412.5	410.9	399.1
DW	2.14	2.11	2.10	2.07	2.09	2.16
观测点	30×9	30×9	30×9	30×9	30×9	30×9

注：被解释变量是 lnfdi；括号中的数值是回归系数的 t 值；***，＊＊，＊分别表示显著性水平 1%，5%，10%；工具变量有：fma、fma * lnrms、innocapa（-2）和 innoeff（-2）。

（一）全国样本的实证结果

表 4-1 报告了回归方程（4.4）的全国样本的估计结果，模型（1）、（2）和（3）是选择横截面加权（CSW）的广义最小二乘估计结果，这里没有考虑相关解释变量可能的内生性。模型（4）、（5）和（6）是运用工具变量的二阶段最小二乘的估计结果。从表 4-1 的模型（1）、（2）和（3）中可以看出，地区潜在市场规模的系数为正，并都在 1% 的水平上显著，这说明国内潜在地区市场规模越大的省份，吸引的 FDI 越多。出口开放度的系数为正，但都不显著。出口开放度与潜在市场规模的交叉项的系数都在 1% 的显著性水平上为负，说明国内市场和国外市场具有一定的替代性。衡量技术外部性的创新水平和创新效率的一期滞后系数都为正，但都不显著，这说明一个地区历史上的技术创新水平和创新效率对 FDI 有吸引作用，但效果并不显著。反映地区人力资本的变量在模型（1）、（2）、（3）中都为负，但不显著，即人力资本存量越多的省区吸收的 FDI 越少。工人有效工资率对 FDI 的作用为负，除模型（1）之外，有效工资率在其他两个模型中不显著，这说明生产成本的负效应超过劳动力质量的正效应，从而有效工资率高的省区不利于 FDI 的进入。这也说明，截至目前，FDI 在考虑区位选择时，劳动力成本仍然是个重要的考虑因素。

模型（4）、（5）、（6）是运用工具变量的二阶段最小二乘的估计结果。相比模型（1）、（2）、（3），在考虑了出口开放度的内生性之后，出口开放度的估计系数值大幅度提高，并且由不显著变为在5%及以上水平显著，这说明出口开放度的内生性使得最小二乘估计明显大幅度下偏，从而严重地低估了海外市场在吸引FDI方面的重要作用。地区潜在市场规模的估计系数仍然在1%水平上显著，说明潜在地区市场规模越大的省份吸引的FDI越多；但是该系数值与之前相比，平均下降了13%左右，这说明出口开放度的内生性导致了国内市场规模在吸引FDI作用方面的高估。出口开放度与潜在市场规模的交叉项的估计系数的绝对值也普遍增加一倍以上，并也都在1%的水平上显著。这说明在吸引FDI进入方面，地区市场和国外市场具有相互替代性，如广东、福建、江苏和上海等省市吸引的大量FDI主要是看重国外市场规模，大量的外资企业在当地完成生产、加工或组装等然后出口，而进入湖北、河南和陕西等省份的FDI则主要是看重当地较大的市场规模。依照表4-1中的模型（6），我们可以求出各省区最适宜的出口开放度和潜在市场规模对吸引FDI的边际影响：

$$\frac{\partial \ln fdi_{it}}{\partial exo_{it}} = 3.754 - 2.057 \ln rms_{it} \tag{4.8}$$

$$\frac{\partial \ln fdi_{it}}{\partial \ln rms_{it}} = 0.779 - 2.057 exo_{it} \tag{4.9}$$

通过令（4.8）式和（4.9）式等于零，可以求出就全国平均而言，各省区在吸引FDI方面最适宜的平均出口开放度和地区市场规模。随着出口开放度的提高，当潜在市场规模达到620.28亿元人民币/千米时，或者随着国内市场规模的扩大，出口开放度达到0.379时，一个地区的出口开放度和地区市场规模就可能达到了其适宜性水平。

在模型（4）和模型（6）中，创新水平的估计系数为正，并在10%的水平上显著，这说明一个地区历史上的技术创新水平能较显著地吸引FDI的进入。而模型（5）和模型（6）中创新效率的估计系数值很小，并且不显著，这可能是由于创新效率和经济发展水平没有很直接的联系，如新疆的创新效率较高，1999~2007年平均达到了0.8251，而东部的江苏和广东等省份虽然每年投入大量的研发人员和资金，但是研发效率较低，九年间平均分别为 0.3947 和 0.5541。

另外，人力资本存量的系数都为负但不显著，这与孙俊（2002）的结果一致。孙俊（2002）分别运用受过大学以上、高中以上、初中以上教育的人口比率来考察教育程度对 FDI 的吸引，结果发现教育程度的估计系数在总体样本中为负但不显著，在分区间的回归中竟然表现出不同程度的负向显著。这里的原因可能有两个：第一，外商考虑在某地区投资时，主要看重的是当地的市场成熟性、开放度及优惠政策等，而将当地的劳动力的受教育状况放在一个相对较低的地位；第二，在中国，目前劳动力的受教育程度和劳动技能的高低没有必然联系，受教育的年限是反映人力资本的一个指标。但是，如中西部很多省份的初中和高中毕业的年轻人去江浙和广东等地打工，在工作过程中接受了劳动技能的锻炼，在老员工、老师傅或公司集体培训下，技能和人力资本都会得到提高，这是一种隐性的（Tacit）人力资本的积累。毋庸置疑的是，相同产业中，沿海省份工人的劳动生产率高于内地中西部省份，但是，我们这里的人力资本代理变量并不能考虑到工人在工作后工作技能及由此导致的人力资本的积累和提高。除模型（5）外，有效工资率高的省区都显著地不利于 FDI 的进入，这反映出目前外商在中国的投资对劳动力成本还很敏感。

（二）东部、中部、西部分区域检验结果

为了比较分析各区域吸引外商直接投资的具体特征，我们分东部、中部和西部三个区域进行讨论。具体来说，东部地区包括的省（自治区、直辖市）为：北京、天津、河北、辽宁、山东、上海、江苏、浙江、广东、福建；中部地区包括的省（自治区、直辖市）为：吉林、黑龙江、河南、山西、湖北、湖南、安徽、江西；西部地区包括的省（自治区、直辖市）为：云南、贵州、四川、广西、重庆、四川、内蒙古、陕西、甘肃、青海、宁夏、新疆。海南省 2007 年的出口开放度为 0.085，同重庆市和宁夏差不多，仅为新疆的 1/3 左右，因此，海南划归西部地区。实证结果见表4 - 2 和表4 - 3，东、中、西部样本的 OLS 回归结果见附表3。

1. 东部区域实证分析结果

从表4 - 2 对东部样本回归的模型（1）、（2）中可以看出，衡量技术外部性的解释变量创新能力和创新效率的估计系数都为负,并且都不显著,因此,我们尝试在回归方程中加入创新能力的平方项。结果,如模型(3)、(4)所示,此时创新能力的一次项和二次项都至少在5%及以上水平显著,同时创新效率的估计系数也变得显著,这说明加入创新能力的平方项后,模型得到了正确的设定。通过模型(4),我们可以得到,当每万人拥有的发明专利数量达到3.356件之后,东部各省的创新能力越高就越能有力地、不可逆转地吸引更多的FDI①。而在达到每万人拥有发明专利3.356件之前,其他因素如国内外市场规模、市场化程度和优惠政策等都可能是主要的吸引FDI的因素。当2007年创新能力水平较高的北京和上海平均每万人拥有的发明专利数分别为2.954件和1.754件时,离3.356的拐点水平相差不少。在模型得到正确设定之后,模型(4)中创新效率的估计系数显著为正,说明在东部沿海各省创新能力水平都较高的情况下,外商会选择投资于研发效率较高的省区,以此可以减少研发成本。

模型(3)、(4)中地区市场规模的系数平均提高10%左右,而出口开放度和两者的交叉项系数则变小。与(4.8)式和(4.9)式类似,根据模型(4)可以求出东部各省区在吸引FDI方面最适宜的出口开放度和地区市场规模。随着出口开放度的提高,当潜在市场规模达到293.11亿元人民币/千米时,或者随着国内地区市场规模的扩大,出口开放度达到0.859时,东部省区的出口开放度和地区市场规模就可能达到了其适宜性水平。

对比模型(1)、(2)和模型(3)、(4),发现人力资本存量和有效工资率的估计系数的符号在加入创新能力的平方项前后发生了改变,人力资本存量的符号由之前的正号变为负号,而有效工资率的符号由负号变为正号。结合上述对全国样本的分析,可以看出,外商在东部沿海省份的投资是不看重受教育年限的(目前全国已普及九年义务教育),而更关注劳动力的质量,即工人的技能熟练度。工人的熟练技能能够正向吸引FDI的进入,但是,外商仍然要考虑成本的问题,因此,有效工资率在东部为正但不显著。目前,沿海省份劳动力成本上升已是不争的事实,特别是在《劳动

---

① 计算公式为 $-1.027 + 0.306 innocapa\,(-1) = 0$,可以求得 $innocapa\,(-1) = 3.356$。下文对中部的求解同理。

表 4 - 2　东部和中部省份样本二阶段最小二乘回归结果

	东　部						中　部	
	(1)	(2)	(3)	(4)	(5)	(6)	(7)	(8)
lnrms	0.943*** (11.32)	0.885** (2.07)	1.030*** (5.47)	1.186*** (4.05)	2.635*** (3.25)	2.158*** (3.44)	3.660*** (13.51)	4.041*** (10.39)
exo	1.686** (2.12)	1.650 (1.15)	1.319** (2.51)	1.484** (1.97)	-2.530 (-0.73)	1.040 (0.49)	1.720 (0.87)	2.699 (1.32)
exo × lnrms	-1.588** (-2.66)	-1.562 (-1.29)	-1.280*** (-3.98)	-1.380*** (-3.06)	-18.47*** (-2.94)	-24.31*** (-3.17)	-27.31*** (-3.99)	-26.86*** (-3.92)
innocapa (-1)	-0.029 (-0.19)		-0.664** (-2.32)	-1.027** (-2.79)	-7.800 (-1.23)		-28.16*** (-7.13)	-34.98*** (-5.17)
innocapa 2(-1)			0.206** (2.14)	0.306*** (2.96)			103.5*** (4.98)	125.8*** (4.47)
innoeff (-1)	-0.261 (-1.29)	-0.250 (-1.12)		0.284* (1.90)	0.577 (1.15)	0.403 (1.03)		0.335** (2.17)
humcap	0.07 (0.45)	0.060 (0.42)	-0.011 (-0.07)	-0.047 (-0.31)	-0.252 (-1.20)	-0.225 (-1.01)	-0.143 (-0.84)	-0.135 (-0.72)
effsal	-0.08 (-0.37)	-0.139 (-0.27)	0.100 (0.41)	0.457 (1.20)	0.139 (0.28)	0.587 (1.10)	-0.063** (-2.27)	-0.514 (-1.48)
常数项	22.77***	22.97***	23.30***	23.06***	23.63***	22.64***	24.13***	23.77***

续表

	东　部				中　部			
	(1)	(2)	(3)	(4)	(5)	(6)	(7)	(8)
AR(1)	0.50*** (5.66)	0.50*** (4.68)	0.50*** (5.67)	0.52*** (7.11)	0.26* (1.72)	0.47*** (3.14)	0.24** (2.26)	0.252** (2.57)
AR(2)							-0.57*** (-7.07)	-0.606*** (-7.08)
调整的 R^2	0.950	0.952	0.953	0.950	0.844	0.844	0.905	0.894
F	78.5	86.49	89.4	85.2	19.9	22.4	30.0	29.2
DW	2.23	2.23	2.22	2.23	1.90	1.81	2.44	2.40
观测点	10×9	10×9	10×9	10×9	8×9	8×9	8×9	8×9

注：被解释变量是 lnfdi；括号中的数值是回归系数的 t 值；***，**，* 分别表示显著性水平 1%，5%，10%；工具变量有 :fma，fma，fma * lnrms，innocapa（-2）和 innoeff（-2）。

法》颁布之后，劳动力成本让很多中小企业难以为继。

2. 中部区域实证分析结果

从表 4 - 2 对中部样本回归的模型（5）、（6）、（7）、（8）中可以看出，需要在回归方程（4.4）式中加入创新能力的平方项后，模型才得到正确的设定。一旦模型得到了正确的设定，如东部省区所示，中部省区的创新能力的一次项、二次项和创新效率的估计系数都在 1% 水平显著。通过模型（8），我们可以得到，当每万人拥有的发明专利数量达到 0.278 件之后，中部各省的创新能力越高就越能有力地、不可逆转地吸引更多的 FDI。而中部省份中，2007 年创新能力水平较高的黑龙江、吉林和湖北平均每万人拥有的发明专利数分别只为 0.175 件、0.166 件和 0.155 件。这和 0.278 的拐点水平相差不少。

同时，从回归模型（5）、（6）、（7）、（8）中可以发现，对于中部省份来说，出口开放度即国外市场规模对吸引 FDI 没有显著的作用，这可能和中部省份的出口开放度相对较低，服务于国外市场的运输成本和交易成本较大有关。而地区市场规模和二者的交叉项都是在 1% 的水平上高度显著的，这说明对于中部省份来说，在吸引 FDI 方面，国内地区市场和国外市场仍然具有一定的相互替代性，但此时，地区市场规模起主要作用。中部省区由于较优越的地理位置，潜在地区市场规模较大，落户于中部省份的 FDI 主要看重的是较大的市场地区规模。

和（4.8）式、（4.9）式类似，根据模型（8）可以求出中部各省区在吸引 FDI 方面最适宜的出口开放度和地区市场规模。随着出口开放度的提高，当潜在市场规模达到 110.57 亿元人民币/千米时，或者随着国内地区市场规模的扩大，出口开放度达到 0.15 时，东部省区的出口开放度和地区市场规模就可能达到了其适宜性水平。

在中部省区，在正确设定回归模型后，人力资本存量对吸引 FDI 的作用为负，但不显著；有效工资率估计系数为负，这说明外商在中部省份的投资不是很看重受教育年限，主要关注劳动力的成本。

3. 西部区域实证分析结果

将表 4 - 3 的模型（1）、（2）和模型（3）、（4）、（5）相比较，可以看出，在西部省份，国内地区市场和国外市场不再具有相互替代性。西部省区的市场规模仍然能够有力地吸引 FDI 的进入，同时，西部省区如果能够提高其出口开放度，则依然可以显著地吸引更多 FDI 的进入［模型（4）中出口开放度的 t 值也快接近显著性水平 10% 的边缘］。

表 4 - 3　西部省份样本二阶段最小二乘回归结果

	西　部				
	（1）	（2）	（3）	（4）	（5）
lnrms	0.849 *** (2.82)	1.007 *** (3.28)	0.840 *** (3.63)	0.949 *** (3.85)	0.944 *** (4.10)
exo	3.350 (0.88)	5.211 (1.24)	2.717 * (1.72)	2.493 (1.61)	2.73 * (1.82)
exo × lnrms	0.645 (0.22)	2.182 (0.68)			
innocapa（-1）	0.032 (0.47)	0.029 (0.27)	0.016 (0.25)		0.015 (0.12)
innoeff（-1）		-0.328 (-1.17)		-0.212 (-1.01)	-0.26 (-0.87)
humcap	-0.179 * (-1.87)	-0.196 * (-1.95)	-0.17 ** (-2.09)	-0.155 * (-1.94)	-0.172 ** (-2.16)
effsal	-0.517 * (-1.94)	-0.390 (-1.33)	-0.536 ** (-2.23)	-0.404 (-1.50)	-0.440 (-1.51)
常数项	23.43 ***	23.56 ***	23.42 ***	23.20 ***	23.41 ***
AR（1）	0.35 ** (2.59)	0.35 ** (2.50)	0.35 *** (2.68)	0.36 *** (2.81)	0.36 *** (2.74)
调整的 R^2	0.962	0.951	0.963	0.955	0.953
F	115.3	89.2	124.5	104.3	96.2
DW	2.24	2.20	2.22	2.14	2.18
观测点	12×9	12×9	12×9	12×9	12×9

注：被解释变量是 lnfdi；括号中的数值是回归系数的 t 值；***，**，* 分别表示显著性水平 1%，5%，10%；工具变量有：fma、fma * lnrms、innocapa（-2）和 innoeff（-2）。

衡量技术外部性的解释变量创新能力和创新效率的估计系数都较小并且不显著，这可能和西部各省区较低的创新能力水平有关。在创新能力水平较低时，由创新所导致的知识溢出较少，从而外商进入西部省区时也较少地由于技术外部性而聚集在一起。而当创新能力水平较低时，创新效率也就不那么重要了。

在西部省区，人力资本存量和有效工资率的估计系数都为负，并且人力资本存量还是显著地不利于吸引 FDI。这可能和西部省区工人的技术熟练度较低、劳动生产率较低有关。在基本完成九年义务教育的情况下，工人的劳动生产率越低，外资企业的劳工成本越高，此时，仅仅以人均受教育年限来衡量的人力资本存量对 FDI 的吸引作用变为负向的。

（三）全国及东、中、西部样本实证分析的结果比较

结合全国样本和东、中部样本的回归分析来看，随着出口开放度的提高，当全国、东部和中部的潜在市场规模分别达到 620.28 亿元/千米、293.11 亿元/千米、110.57 亿元/千米时，或者随着国内地区市场规模的扩大，出口开放度分别达到 0.379、0.859、0.15 时，全国平均、东部省区和中部省区的出口开放度和地区市场规模就可能达到了其适宜性水平。而在西部省份，国内地区市场和国外市场不再具有相互替代性。

Krugman（1991）的模型表明，当运输成本存在但较低时，对规模经济的追求，企业倾向于把厂址设在大规模的市场附近以降低运输成本；当运输成本较高时，高额的运输成本会使得该厂商在供应其他地区的市场时得不偿失，最终会专注于本地市场。事实上，当运输成本足够低时（极限情况是零），厂商的区位选择就不重要了，这时市场规模的重要性也就相应地降低了。本书的实证结果符合理论预测，当出口开放度较高、贸易成本较低、国外市场规模较大时，外资会大量在东部沿海省份选址，以服务较大的国外市场，此时，对应的国内地区市场规模（293.11 亿元/千米）可以较小；而全国各省份平均的出口开放度较低，服务国外市场的运输成本和其他贸易成本较高，此时，外资进入所要求的潜在地区市场规模（620.28 亿元/千米）就较大。

中部省区的出口开放度较低，2007 年开放度最高的黑龙江和湖北的出口开放度分别为 0.132 和 0.091，都还未达到 0.15 的最优水平，但是中部省份的地区市场规模都已超过 110.57 亿元/千米的适宜性水平。究其原因，我们认为，这可能和本书的潜在地区市场规模指标（rms）的

设计有关①。

东部和中部省区吸引 FDI 的正确模型设定需要加入创新能力的二次项，并且，FDI 的吸引量与当地的创新能力呈 U 形曲线。当东部和中部省区平均每万人拥有的发明专利数量达到 3.356 件和 0.278 件时，吸引外资的质量将提高，因为此时，在其他条件相同的情况下，创新能力越强的省区吸引的 FDI 也将越多，从而有可能实现外资从数量向质量的转化。在西部省区，创新能力和创新效率未能显著地吸引 FDI 的进入。

第三节　本章小结

本章在回顾了外商直接投资与对外贸易关系的基础上，然后描述性地分析外商对华直接投资与中国进出口贸易的关系以及外商在华直接投资的地区分布非均衡问题。本章的重点是从外部性和贸易开放两个主要方面来考察外商直接投资区位选择的决定因素，并特别关注贸易开放在吸引 FDI 方面的内生性问题。主要结论如下。

第一，外商在华直接投资与出口贸易之间表现出互补的关系。

第二，改革开放以来，东部沿海省区凭借优越的地理位置、政策优惠，在中国承接国际产业转移的大背景下吸引了绝大部分的外商直接投资。但是 2007 年以来，东部吸引的 FDI 有逐步下降的趋势，中部的比例基本不变，而西部利用外商直接投资的比例有所上升。

第三，全国样本、东部和中部省区在吸引 FDI 方面，国内地区市场和国外市场具有一定的相互替代性，而在西部省区则没有发现这种替

---

① 徐康宁、王剑 (2006) 研究江苏省地级市的 FDI 集聚的来源国效应时，计算地级市的市场规模的方法为：$Mark_i = GDP_{js} + 100 \times \Sigma_{k=29} GDP_k / d_{ik}$，主要变量和本书类似，只是作者加了一个距离的调整系数；而本书是直接用地理距离为权重，这会明显地低估地区市场规模。Harris (1954) 指出，一个城市一定量的零售额提供的市场规模是 1960 英里之外一个村庄对该城市提供的市场规模的 10 倍。设该函数为一个指数函数，则 $a^0 = 1$，$a^{1960} = 0.1$，由此可得，400 公里之外一个城市对某中心城市提供的市场规模为该城市市场规模的 0.631；而本书的权重则为 1/400 = 0.0025，因此，本书对地区市场规模的估算方法是偏小的。

代性。

第四，对于全国样本而言，创新能力可以显著地吸引 FDI 的进入；东部和中部省区吸引 FDI 的数量则与当地的创新能力呈 U 形曲线，并且一旦模型得到了正确的设定，创新效率也能显著地吸引 FDI；而西部省区的创新能力和创新效率对于吸引 FDI 则没有显著的作用。

提高自主创新能力和创新效率，可以增加外商在东部地区和中部的落户。对于东部地区来说，潜在地区市场规模和出口开放度均较接近其适宜值，由于集聚导致的要素成本上升和拥塞而产生离心力，因此，未来东部地区应主要以提高创新能力和创新效率来吸引 FDI 的进入；而中部地区未来随着出口开放度的提高，可以吸引更多 FDI 的进入，但是中部省区出口的交易成本较高，未来也应考虑以提高创新能力和创新效率来吸引 FDI 的进入。提高自主创新能力，有利于保证中国经济可持续地高速发展，各省区创新能力的加强和创新效率的提高，也有利于 FDI 的进入；与此同时，在提高自主创新能力的过程中，随着人力资本的积累，各省区将更有效率地吸收 FDI 产生的技术外溢来促进地区经济发展。

本章附录

附表 1 1999 ~ 2007 年九年间中国各省区平均研发创新效率

地 区	技术效率	地 区	技术效率	地 区	技术效率
北 京	0.9473	河 南	0.4098	云 南	0.8321
天 津	0.6936	山 西	0.7299	贵 州	0.7539
辽 宁	0.6796	江 西	0.3783	四 川	0.3988
上 海	0.7278	安 徽	0.3544	重 庆	0.4210
江 苏	0.3947	湖 北	0.4869	甘 肃	0.3746
浙 江	0.5951	湖 南	0.6279	宁 夏	0.6807
福 建	0.3769	吉 林	0.6936	内 蒙	0.6471
河 北	0.5398	黑龙江	0.6118	陕 西	0.3488
山 东	0.4816	海 南	0.8663	青 海	0.4601
广 东	0.5541	广 西	0.5092	新 疆	0.8251

附表 2　各省区省会城市到海岸线的距离

单位：千米

地　区	距离	地　区	距离	地　区	距离
北　京	250	河　南	709	云　南	1613
天　津	106	山　西	497	贵　州	1387
辽　宁	678	江　西	797	四　川	2064
上　海	30k	安　徽	547	重　庆	1738
江　苏	120	湖　北	920	甘　肃	1615
浙　江	120	湖　南	799	宁　夏	1185
福　建	131	吉　林	947	内　蒙	637
河　北	303	黑龙江	1219	陕　西	1093
山　东	303	海　南	602	青　海	1807
广　东	160	广　西	726	新　疆	3281

注：2008 年中国最大的五个港口为：上海港、深圳港、广州港、宁波－舟山港、天津港。

　　黄玖立、李坤望（2006）在构造海外市场可达度这个变量时，取各省区省会城市到海岸线距离的倒数（乘以 100）为国外市场接近度，内地省份到海岸线距离为其到最近的沿海省区的距离加上该沿海省区的内部距离。本书认为，如此构造内地省份的海外市场可达度是欠妥当的。我们认为，国外市场可达度主要是指对欧美等主要发达国家市场的可达度。广西虽然有港口（北海和防城港），但是由于广西的出口货源有限，广西的出口货物一般是先由驳船驳到深圳盐田港或香港，然后再装入大型海轮出口。因此，如果海外市场可达度是指对主要发达国家市场的可达，则应该选取内地省份到最大的 5 个港口的距离来构造此地理变量。

附表3 面板最小二乘估计结果（GLS）

	东 部			中 部			西 部	
	(1)	(2)	(3)	(4)	(5)	(6)	(7)	(8)
lnrms	0.637 *** (3.31)	0.852 *** (3.67)	0.750 *** (3.37)	1.187 * * (2.25)	1.155 * (1.78)	-1.591 (-0.75)	0.883 *** (5.46)	0.798 *** (3.60)
exo	1.588 *** (2.78)	1.677 *** (2.83)	1.746 *** (2.94)	-22.34 *** (-6.57)	-25.61 *** (-5.71)	-81.14 *** (-4.95)	0.619 (0.15)	2.04 (1.21)
exo * lnrms	-1.301 *** (-4.64)	-1.466 *** (-4.02)	-1.540 *** (-4.13)	16.36 * (1.73)	19.01 * (1.84)	82.77 *** (3.97)	-1.484 (-0.45)	
innocapa(-1)	0.120 (1.39)		0.115 (1.27)	0.361 (0.27)		-3.896 (-0.63)	0.026 (0.29)	0.0024 (0.25)
innoeff(-1)		0.188 * * (2.24)	0.163 (1.54)		0.318 * (2.10)	1.213 *** (2.74)	0.063 (0.37)	0.054 (0.33)
humcap	0.148 *** (2.61)	0.185 *** (3.94)	0.176 *** (3.88)	-0.212 (-1.43)	-0.238 (-1.64)	-0.228 (-1.41)	-0.134 (-1.29)	-0.057 (-0.75)
effsal	-0.206 (-1.41)	0.028 (0.11)	-0.096 (-0.61)	0.970 * (2.01)	0.980 *** (2.93)	2.152 *** (5.30)	-0.483 (-1.56)	-0.34 (-1.39)
常数项	22.34 ***	21.57 ***	21.83 ***	22.95 ***	23.14 ***	24.12 ***	22.92 ***	22.84 ***
AR(1)	0.49 *** (3.99)	0.50 *** (4.64)	0.48 *** (3.97)	0.50 (3.65)	0.55 *** (4.54)	0.84 *** (8.92)	0.36 * * (2.54)	0.37 * * (2.56)
调整的 R^2	0.963	0.963	0.962	0.903	0.908	0.849	0.961	0.957

续表

	东 部			中 部			西 部	
	(1)	(2)	(3)	(4)	(5)	(6)	(7)	(8)
F	112.1	112.7	104.6	37.4	39.9	29.0	104.5	123.1
DW	2.20	2.11	2.16	1.92	1.87	2.17	2.19	2.21
观测点	10×9	10×9	10×9	8×9	8×9	8×9	12×9	12×9

注：被解释变量是 $\ln fdi$；括号中的数值是回归系数的 t 值；***，**，* 分别表示显著性水平 1%，5%，10%。

第五章

对外贸易与经济增长[*]
——基于不同模型设定和工具变量策略的再考察

改革开放以来，中国对外贸易飞速增长，从进出口总额的名义值来看，1978～2011年的34年间，贸易额年均增长约17%[①]。伴随着对外贸易的高速增长，中国经济也取得了令世人瞩目的成就。昔日亚洲"四小龙"和日本在经济高速增长时期，均采取了出口导向型的经济增长模式。在理论上，外贸是经济增长的"引擎"又一次得以证明。

贸易开放涉及贸易政策和贸易流量两个维度，而这两个方面均会影响经济增长（Rodriguez和Rodrik，2000，p264）。在跨国的对外开放与经济增长的研究中，研究者往往难以区分对经济增长的影响到底是来自贸易政策还是来自贸易流量的变化。本章使用中国的分省面板数据，可以有效地排除贸易政策的影响，集中于考察贸易流量的变化对经济增长的影响。这是因为，虽然中国各省区面临的贸易政策不可能完全一样，但这里主要是指关税率、出口退税等主要的贸易政策对各省区来说是一样的。本章使用静态面板和动态面板两种模型设置，静态面板中的固定效应模型是除组内均值的回归，动态面板模型不论是差分还是系统广义矩估计都包含对一阶差分模型的估计，因此，这些估计方法都可以看作是考察贸易流量的变化对经济增长的影响。

Rodriguez和Rodrik（2000）在对一系列关于贸易政策与经济增长的文章评述后认为，大多数得到预期结论的文章要么来自模型误设，要么是对

---

[*] 本章的主体部分发表在《国际贸易问题》2014年第4期上。

① 原始数据来自中经网统计数据库，经作者计算得出。

开放度使用了错误的代理变量，而这些代理变量往往是衡量其他政策或制度的变量，这些变量本身也对经济增长具有独立的效应；并且很多模型的估计系数对控制变量敏感，即模型的估计系数并不稳健（Robustness）。同时，开放度的内生性问题给经验研究带来了困难。本书重点关注开放度的内生性问题，介绍文献中已有的不同的内生性问题解决办法。

已有关于贸易开放度和经济增长的文献大多是针对跨国的横截面研究，或是使用新的方法来控制开放度的内生性，本章将使用静态面板和动态面板模型设定与不同的工具变量策略来控制贸易开放度的内生性，并且将会比较不同模型估计结果系数值的大小。从方法论上来讲，本书将是对现有文献的一个有益补充。本章结构安排如下：第一节是相关理论和文献回顾；第二节是介绍文献中处理贸易开放内生性的各种方法；第三节是模型设定、计量方法和数据来源；第四节是实证结果分析；最后是本章小结。

第一节　相关理论和文献回顾

对外贸易能够促进一国的经济增长，其作用机理表现在：一方面，进口国外中间品，不仅可以增加国内中间品的数量，而且进口国外高质量的中间品，可以使得国内的最终产出增加（P. Romer，1990；Grossman 和 Helpman，1991）；另一方面，通过对外贸易，对进口产品实行反向工程（Reverse - Engineering），本国的研发部门能够获取国外的技术外溢，从而有助于培养本国的消化吸收再创新能力以及在此基础上形成的自主创新能力，与外部的交流还能使本国的进出口企业学习到一些隐性的知识（Tacit Knowledge），从而提高本国的全要素生产率（Keller，2004）。然而，对外贸易与经济增长可能是相互促进的，即对外贸易可能是内生的，如一个国家由于经济增长拥有良好的基础设施和交通系统，或是收入增加使得家庭对深加工、质量好的商品种类需求增加，继而产生较多的贸易量（Frankel 和 Romer，1999）。这里的内生性主要体现在三个方面：双向因果、遗漏变量和测量误差。没有控制贸易开放的内生性问题，普通最小二乘估计将是有偏和非一致的。

　　粗略来看，地理特征作为工具变量是严格外生的，但是，Rodriguez 和 Rodrik（2000）认为 F&R（1999）基于地理特征构造的工具变量是非有效的，因为地理特征是影响收入的一个重要因素，除了贸易外，地理特征还会通过其他渠道来影响一国收入，如农业生产率、公共健康状况（人力资本）以及由此而导致的制度质量等。他们利用 F&R（1999）的数据，在第二阶段的回归中加入了一组地区虚拟变量和两个反映地理特征的变量，一国到赤道的距离和一国热带地区国土面积的比率。结果表明，当加入这些反映一国地理特征的变量之后，开放度的估计系数大幅度减小，而且也不再显著。这表明，基于该工具变量的回归结果是不稳健的①。

　　之后针对 Rodriguez 和 Rodrik（2000）关于 IV 回归结果稳健性的质疑，一些学者利用 F&R（1999）的工具变量，使用不同的历史时期、更大的样本量或者不同的模型设置来重新考察贸易与开放的关系，如 Irwin 和 Tervio（2002）对 20 世纪不同历史时期的样本的考察。Noguer 和 Siscart（2005）用一个更大的样本②去重新构造基于地理特征的工具变量，并重做 F&R（1999）的贸易与人均收入的回归，在加入一国到赤道的距离、一国热带地区国土面积的比率、地区虚拟变量以及包括制度在内的更多的控制变量之后，回归结果都很稳健。Felbermayr（2005）引入类似于增长的经验研究中的动态计量模型设定，运用系统广义矩估计（GMM）方法来研究开放度与经济增长的关系。Dufrenot 等（2010）运用分位数回归发现，相对于高增长率国家，贸易开放对低增长率国家的正向影响更大。

　　在跨国的贸易开放与经济增长的研究中，也有学者考虑开放度指标的测度和比较问题以及开放过程中的补充性政策对增长的作用。如 Alcala 和 Ciccone（2004）认为，传统的开放度测度指标（名义进出口总额与名义

---

①　Hall 和 Jones（1999）以一个国家到赤道的距离作为社会基础设施（Social Infrastructure）的工具变量，这在某种程度上表明，地理特征是影响一国收入的重要因素。因此，如果地理特征影响一国的初期收入，则基于地理特征的工具变量将不再是有效的。

②　在 Frankel 和 Romer（1999）的 98 个国家的样本基础上，Noguer 和 Siscart（2005）总共得到了 97 个国家（博茨瓦纳除外）的 8906 个双边贸易数据，而 Frankel 和 Romer（1999）的文章只覆盖了 43 个国家的 3220 个样本点。

GDP 的比率）可能不能正确地测度贸易带来的生产率增长[1]，建议使用实际开放度——以美元汇率调整的进出口值与经购买力平价调整的 GDP 的比率，即名义开放度经过相对价格水平调整，结果发现开放度对生产率具有正向的经济显著性以及统计上的稳健性。Chang 等（2009）的实证研究发现，如果一些互补性的政策能够实行，那么贸易开放对经济增长的效果能够得到显著改善。

国内关于贸易与经济增长的研究主要分为两类：一类是研究贸易开放与经济增长的相关关系；另一类是探讨国际贸易影响中国经济增长的机制。这里主要关注贸易开放与经济增长，如包群（2003）、李洁和张天顶（2006）的研究都没有考虑到开放度的内生性问题。最近的一些研究则使用工具变量或新的识别方法来解决内生性问题，如黄玖立和李坤望（2006）选择了以各省会城市到海岸线的距离的倒数，即国外市场可达度（Foreign Market Access）作为开放度的工具变量。由于外生的工具变量难以寻找，郭熙保和罗知（2008）取贸易依存度的滞后一期作为当期开放度的工具变量。这种处理方法在时间序列和面板数据的情况下很常见，该方法虽然能够解决反向因果关系，但是，对于遗漏变量和测量误差则是无能为力的。彭国华（2007）参照 F&R（1999）的方法，计算了 2005 年中国各省基于地理特征的"理论上"的开放度并以此作为开放度的工具变量。该方法试图从外部去寻找一个各省开放度变化的来源，作为横截面分析，在小样本量（30 个省）的情况下得到的结论的可靠性大大降低。黄新飞和舒元（2010）运用异方差识别法来控制贸易开放度的内生性。该研究只是运用一种新的方法来控制开放度的内生性，并没有关注不同的估计方法得到的估计系数值的大小；并且该方法依赖于一个不可验证性的前提假设，即系统中的方程面临的结构冲击是同期不相关的（Billmeier 和 Nannicini，2008）。

已有研究大多是针对静态的跨国横截面的研究（Frankel 和 Romer，1999；Irwin 和 Tervio，2002；Alcala 和 Ciccone，2004；Noguer 和 Siscart，2005），对于静态的模型设定是否合适，或者说对使用静态模型的隐含

---

[1] 贸易带来的生产率增长在贸易品部门比非贸易品部门要大，这会导致贸易品的价格相对于非贸易品的价格下降，因此，贸易导致的生产率增长不一定会伴随着更高的开放度。

的前提假设需要有清楚的认知（将在第二节进行分析）。已有的使用动态模型设定的文献（Felbermayr，2005；黄新飞和舒元，2010），则没有考虑其他的工具变量策略，也没有比较各种方法得到的开放度的估计系数值的大小[1]。本章将使用不同的工具变量策略（外部工具变量、滞后期作为工具变量以及动态模型设定时的内部工具变量组合）和不同的模型设定，来研究各省贸易开放度（贸易流量）与经济增长的关系，因而是对现有文献的补充和扩展。

本章使用中国 30 个省 1999～2009 年的面板数据来探讨贸易开放度（贸易流量）与经济增长的关系，与传统的跨国研究相比，其优点有：第一，各省的对外贸易几乎享受相同的贸易政策，各省的对外贸易更主要的是与各省的资源禀赋和产业结构有关，因此，在控制住了时间虚拟变量之后，各省的对外贸易对经济增长的作用主要是由各省区的贸易流量产生的[2]。同时，时间虚拟变量也能够捕捉外部需求变化对各省贸易流量的影响。第二，各省的制度质量确有差别，这点从近年中国经济改革研究基金会国民经济研究所发布的《中国市场化指数》中能够看出，但是，中国各省之间的制度差别不会如跨国研究中国与他国之间那么大。第三，基于各省地理特征构造的工具变量与各省期初的收入无关，是一个有效的工具变量。

第二节　贸易开放内生性处理方法介绍[3]

传统的 OLS（或 GLS，广义最小二乘法）回归只能发现对外贸易与经济增长的相关关系，并不能解决两者之间的因果关系，即说明到底贸易是增长的原因还是结果。这又回到了一个古老的话题中来，即到底是"出口引致增长"（Export - led Growth，ELG）假说是对的，还是"增长引致出口"（Growth - led Export，GLE）假说是对的。只有解决贸易的内生性问

---

[1] 对开放度的估计系数值的大小比较是有意义的，因为 Frankel 和 Romer（1999）认为他们的发现不是 IV 的结果比 OLS 的要大，而是 OLS 的估计结果没有高估贸易开放的效应。

[2] 贸易政策对各省的影响是类似的，作用大小会略有差别，因此，时间虚拟变量能够捕捉这种政策变化的影响。

[3] 本节的内容发表在《经济评论》2011 年第 6 期上。

题，才能检验两种假说的真伪性。

F&R（1999）认为贸易依存度是开放的一个较差的、噪音很大的代理变量。例如，开放会导致生产率提高的技术的外溢，这种外溢和贸易流量没有很强的关系，而只是在两个国家间存在贸易开放。类似的，国际贸易理论认为，贸易好处的一大来源在于企业市场势力的消融，这种效应也是不依赖于真实的贸易流量的，而依赖于一个可信的市场进入的威胁。专业化分工、自然人流动、思想的交流等都是开放带来的好处。因此，贸易依存度只是国家间交流收入提高的一个较差的、噪音很大的代理变量，也就是使用贸易依存度作为贸易开放的代理变量，有很大的测量误差。

在跨国的增长回归方程中很可能会遗漏制度或地理特征等与经济增长有关的变量，贸易与增长之间的显著正相关关系可能是由遗漏变量而导致的结果。因此，没有控制贸易开放的内生性问题，普通最小二乘估计将是有偏和非一致的。下面将介绍文献中关于解决开放度的内生性问题的几种方法。

一　工具变量法

已有文献主要是从两个方面着手寻找工具变量（IV）来控制和解决开放度的内生性问题，即内部工具变量和外部工具变量。一个有效的工具变量需要满足两个条件：一是工具变量必须和内生变量相关；二是工具变量和误差项不相关。其中，第一个条件是外生性或正交性条件，第二个是相关性条件。工具变量法通过外生的变化能够甄别因果关系，并能够显示由因及果的作用渠道。

（一）内部工具变量法

内部工具变量法只能用于时间序列或面板数据中，使用可疑内生变量的滞后项作为 IV。由于因变量的将来值不会影响内生变量的滞后值，通过这种时间上的交错能够解决反向因果问题，而不能解决遗漏变量和测量误差问题，通过差分可以消除不随时间变化的个体特征变量和遗漏变量。如Dollar 和 Kraay（2003，2004）在包括开放度的一般收入决定方程中，引入收入的滞后项使其成为一个动态模型，并对模型的左右两边取差分形式，考虑十年间一国内部的贸易流量的变化如何影响经济增长率。根据 Arella-no 和 Bond（1991）的思想（差分 GMM），原水平方程右边的解释变量（一定的滞后阶数）此时可以成为差分方程合适的工具变量，也就是说，差分方程中贸易依存度差分值的工具变量是贸易依存度的滞后水平值。由于现在的贸易通过进口资本品可以影响未来的经济增长，因此，该工具变量是否有效则值得怀疑。

Felbermayr（2005）引入类似于增长的经验研究中的动态计量模型设定，运用系统广义矩估计（系统 GMM）方法来研究开放度与经济增长的关系。动态面板的 GMM 估计，依赖于两个基本假设：第一，原估计方程的残差项没有序列相关；第二，内生解释变量具有弱外生性。于是，在系列矩条件下，就可以得到系数的一致估计量。运用动态面板 GMM 的好处有：第一，差分后能够消除掉这些不随时间变化的变量和个体非观测效应，从而能够部分地解决遗漏变量问题。对于时变而且对各国都造成类似影响的事件，如世界需求的增加和运输成本的下降，可以通过加入时间虚拟变量来加以控制。第二，差分能够消除反向因果关系。第三，Bond 等（2001）表明，即使存在测量误差时，工具变量的使用会得到一致性的估计。在动态面板的 GMM 估计中，过多的工具变量会导致对内生变量的过度拟合，导致系数估计值偏向于 OLS 的估计结果，以及导致工具变量的联合有效性检验过度接受原假设（即工具变量是外生的）（Bowsher，2002）。

（二）外部工具变量法

这种方法是要寻找一个外生的、独立于系统之外的变量来解释跨国间贸易流量或贸易政策的变化。在文献中，依据工具变量是否为时变的，可以分为适用于横截面回归的非时变工具变量和适用于面板分析的时变工具变量。外部工具变量能够解决双向因果、遗漏变量和测量误差三个问题。

1. 非时变工具变量

为贸易流量寻找的经典工具变量当数 Frankel 和 Romer（1999）构造的基于各国地理特征的 IV。F&R（1999）考虑到各国的地理特征会影响贸易流量，利用国际贸易的引力方程构造各国"理论上"的开放度来作为实际贸易依存度的工具变量。由于地理特征会影响一国的贸易流量进而影响经济增长，但是经济增长并不会改变一国的地理特征，因此，基于地理特征构造的工具变量可能是一个有效的工具变量。F&R（1999）的实证结果表明，贸易对收入存在一个数量上较大的正向影响，而这种正向影响只是在中等程度统计上显著。

F&R（1999）的工具变量能够消除反向因果（即排除了从收入到贸易开放的可能性），但是，该工具变量和其他一些地理特征相关。例如，靠近赤道的国家平均来说具有较长的贸易航运里程，这会导致这些国家"理论上"的开放度较低；而实际上，这些国家的低收入很可能是来自不利的自然环境、疾病（疟疾、登革热等）或者是不利于生产力发展的殖民地制度。具体来说，地理特征是影响收入的一个重要因素，除了会通过贸易影响国民收入之外，地理特征还会通过其他渠道来影响一国收入，如农业生产率、公共健康状况（人力资本）、自然资源的数量和质量以及由此而导致的制度质量等（Rodriguez 和 Rodrik，2000）。如果地理特征影响一国的初期收入，则基于该地理特征的工具变量将不再是有效的。Rodriguez 和 Rodrik（2000）利用 F&R 的数据，在第二阶段的回归中加入了一组地区虚拟变量和两个反映地理特征的变量，一国到赤道的距离和一国热带地区国土面积的比率。结果表明，当加入这些反映一国地理特征的变量之后，开放度的估计系数大幅度减小，而且也不再显著。

之后，一些学者利用 F&R 的方法构造工具变量，利用不同的历史时期、更大的样本量或者不同的模型设置来重新考察贸易开放与经济增长的关系，如 Irwin 和 Tervio（2002）对 20 世纪不同历史时期的样本考察。Noguer 和 Siscart（2005）用一个更大的样本[①]去重新构造基于地理特征的工具变量，并重做 F&R（1999）关于人均收入与贸易的回归，在加入一国到赤道的距离、一国热带地区国土面积的比率、地区虚拟变量以及包括制度在内的更多的控制变量之后，贸易对收入的影响会降低，点估计的系数值为 0.8 ~ 1.2，回归结果具有稳健性。

在贸易政策方面，一方面，贸易政策的变化，如关税率的削减，可以

[①] 在 Frankel 和 Romer（1999）的 98 个国家的样本基础上，Noguer 和 Siscart（2005）总共得到了 97 个国家（博茨瓦纳除外）的 8906 个双边贸易数据，而 Frankel 和 Romer（1999）的文章只覆盖了 43 个国家的 3220 个样本点。

影响一国的经济增长；另一方面，一国在经济增长的过程中会调整其贸易政策，如发达国家的整体关税率会偏低。因此，贸易政策（关税率的削减）很可能是内生的。Estevadeordal 和 Taylor（2007）考察贸易政策的变化（关税率的削减）与经济增长率提高的关系，并为贸易政策构造了两个类似的工具变量，即世界经济和贸易被两次世界大战之间的经济危机（大萧条）所打乱，世界各国都从 20 世纪初的自由贸易转向了贸易保护和贸易壁垒。然而，一个国家在多大程度上和持续多长时间的范围内施加贸易壁垒取决于该国在大萧条期间所受痛苦的严重程度。具体来说，如果一个国家在大萧条期间承受的痛苦越小，该国在二战后对本国经济施加的贸易壁垒的强度就会越小，持续的时间越短；之后，该国在乌拉圭回合（1986~1994 年）中关税率的削减也越多，也因此导致该国在 1990~2005 年比 1975~1989 年增长得更快。

　　Estevadeordal 和 Taylor（2007）将这两个工具变量命名为"GATT 潜力"，该工具变量能够很好地预测一个国家在乌拉圭回合中是否具有降低关税率的能力和意愿。第一个工具变量"GATT 潜力 1"的构造为，在 1975 年是否为 GATT 成员的虚拟变量和乌拉圭回合之前 1985 年关税率的交叉项。如果能够将关税率削减一个较大的幅度，首先该国必须具有较高的初始关税率；其次，该国必须要加入乌拉圭回合谈判并且具有很强的决心去削减关税。该工具变量的构造主要关注的是流程图 5-1 中的第二个箭头，以该国在乌拉圭回合之前是否已经加入 GATT 作为该国历史上是否有贸易自由化倾向的指标。

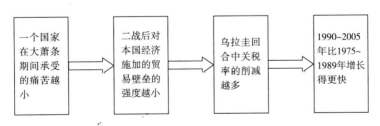

图 5-1　工具变量"GATT 潜力"的推理流程

资料来源：Estevadeordal 和 Taylor（2007）。

　　然而，如果一个国家在 1975 年之前已经加入 GATT 与在接下来的乌拉圭回合中削减关税的决定是相关的，那么，"GATT 潜力 1"就不是一个有效的工具变量。于是，Estevadeordal 和 Taylor（2007）考虑第二个工具变量"GATT 潜力 2"，关注于流程图 5-1 中的第一个箭头。该工具变量是一个交叉项，其中一项为乌拉圭回合之前 1985 年的关税率，另一项为该国 1930～1935 年 GDP 偏离 1929 年 GDP 水平的平均值。由于 20 世纪 30 年代大萧条的经历对 20 世纪 80～90 年代的增长的影响很有限，因此，可以认为该 IV 是一个有效的工具变量。

Estevadeordal 和 Taylor（2007）的实证结果表明，两个 IV 都是强工具变量[①]。增长率关于关税率的弹性值在 -0.05 左右，而且都在 5% 的水平上显著，结果也具有稳健性。并且，他们还发现降低关税率是通过降低资本品价格、鼓励投资和鼓励私人资本流入等途径来提高该国的经济增长率的。

Rodriguez 和 Rodrik（2000）对 F&R（1999）的批评，实际上也是这一文献面临的一个主要问题，即很难找到一个关于贸易流量和贸易政策的外生变化引致的工具变量。上述这些研究都是基于截面回归，然而，在截面回归模型中，遗漏变量偏误不可能避免。因此，如果能够寻找一个基于地理距离的时变的工具变量，则可以在面板回归模型中加入国家固定效应，从而可以有效地控制一些不随时间变化而又和收入有关的因素，如到赤道的距离、疾病环境和殖民历史等。基于时变工具变量的面板固定效应模型能够有效地解决上述三种偏误。

2. 时变的工具变量

Feyrer（2009a，2009b）分别从两个方面来构造时变的工具变量[②]。Feyrer（2009a）考虑到空运技术的进步，以及空运和海运在货物贸易中随时间变化的相对重要性的不同。Feyrer（2009b）直接着眼于运输成本的变化，即时间上外生距离的变化。

Feyrer（2009a）考虑到距离并不是一个静态的概念，物理意义上的地理方位和运输技术进步的交互作用才是决定有效距离的真正因素。1955～

---

① 第一个阶段回归的 t 值在 7 和 8 左右，在单一内生变量的情况下，则第一阶段 F 值应该为 49～64。在单一内生变量的情况下，工具变量的强弱一般是由第一阶段的 F 值来判断。一般来说，第一阶段 F 值大于 10 就是一个比较强的工具变量，见 Staiger 和 Stock（1997）。

② 作者主页的信息显示，这两篇文章分别处于 AER 和 QJE 的返修复审阶段。

2004 年，空运成本下降了 90% 多（Hummels，2007）。并且在 2004 年，美国出口商品（不含对加拿大和墨西哥的出口）价值的一半是由空运来完成的。随着时间的推移，运输技术的发展和空运的重要性能够改变地理格局。只要运输技术的进步被所有国家所共享，则时间上有效地理距离的改变对某一个国家而言就是外生的。如果一个国家对其贸易伙伴的海运距离和空运距离相差不大，相对于其他那些跨大陆进行空运的国家而言，该国从空运的发展中受益较小。空运技术的进步和发展对不同国家的贸易有不同的影响，例如，日本到德国的海运里程是 12000 海里，而空运里程只有 5000 海里。这种对贸易的影响是来自地理和运输技术进步的交互作用，因此，一个基于双边贸易流量的时变的外生工具变量就能够被构造出来。

Feyrer（2009a）首先将地球划分成 1×1 的方格，将考察国家的主要港口在地图上标出来，用 20 节的航速加减洋流的速度来计算任意两个港口间航行所需要的时间。任意两个国家间的海运里程用一个往返所需要的时间来表示，单位是天。这样，内陆国家被排除在外，另外，石油输出国具有相对机械的贸易和收入的关系也被排除在外。空运里程就是引力模型中常见的两个城市之间的劣弧距离（Great Circle Distance），单位是公里。这样计算得到的空运距离是完全非时变的，海运距离也几乎是不变的，于是 Feyrer 将空运和海运距离都乘以一个时间虚拟变量（每 5 年一个间隔，如 1950～1954 年、1985～1989 年，时间处于这个间隔的则虚拟变量取 1，否则取 0）。运用 1950～1997 年的国家间双边贸易流量数据，在分别加入不同的控制变量的基础上，Feyrer（2009a）通过加入海运里程和空运里程的引力方程估计出各国"理论上"的贸易流量[①]，以此作为各国实际贸易流量[②]的工具变量。

通过区分空运和海运距离，Feyrer（2009a）解开了引力模型文献中的

[①] 在选取主要港口时，加拿大和美国有些特殊，因为这两个国家都有东西海岸。根据 1975 年美国和加拿大东西海岸的人口分布，美国和加拿大同其贸易伙伴的贸易量 80% 是由东海岸完成的，20% 由西海岸完成。先将东西海岸当作两个独立的经济体，计算各自理论上的贸易流量，然后加权平均得到美国和加拿大各自整体的理论上的贸易流量。

[②] 在考察贸易开放与收入之间的关系时，Feyrer（2009a）没有运用贸易开放度作为代理变量，而是直接使用贸易流量。在 IMF 的 Direction of Trade 数据库中，一般来说，双边国家会有进口和出口的 4 个值，贸易流量数据取其平均值。

一个谜，即在引力模型文献中发现，贸易流量关于距离的弹性随着时间在增大（系数当然是负数，这里指的是系数的绝对值）（Brun 等，2005；Disdier 和 Head，2008）。随着海运技术的进步和海运费用的下降，按理来说，贸易流量关于距离的弹性随着时间应该是减小的。Feyrer（2009a）在不加入海运距离估计引力模型时，也得到了类似的结论，即贸易流量关于距离的弹性随着时间在增大；然而，在加入海运距离之后，贸易流量关于海运距离的弹性随着时间是减小的，而关于空运距离的弹性是增大的。也就是说，传统的引力模型中用的距离都是度量空运距离的，弹性随时间增大实际上表示的是空运在贸易中的重要性在上升。

通过截面差分和面板固定效应模型的工具变量估计，Feyrer（2009a）发现，贸易对于人均收入具有显著的正效应，弹性系数在 0.5 左右；第一阶段估计得到的贸易流量的估计值能够独自地解释国家间收入差异的 17%。

引力模型中距离对贸易的作用捕捉的不仅仅是运输成本的影响，如果偏好和文化特征随着距离增加而变化，那么即使运输成本非常小（或者为零），贸易流量也会随着距离的增加而减小。Blum 和 Goldfarb（2006）发现，通过互联网消费电子数码产品如音乐、软件、电影游戏等没有贸易成本的商品时，引力模型仍然起作用。因此，贸易成本不能完全解释距离对贸易流量的效应。

Feyrer（2009b）直接着眼于运输成本的变化，即时间上外生的距离的变化。苏伊士运河连接地中海与红海，提供从欧洲至印度洋和西太平洋附近土地的最近的航线，大大地缩短了东西方之间的距离①。1967 年 6 月 5 日，在没有任何征兆的情况下，埃及关闭了苏伊士运河，直到 1975 年才重新开放。苏伊士运河的关闭，直接影响了亚洲和欧洲国家之间的海运距离，对世界贸易产生了未预期到的不利冲击；运河的重新开放则起到一个反向效果。海运距离的变化会导致双边关系的变化，而在双边关系中受到

---

① 与绕道非洲好望角相比，从欧洲大西洋沿岸各国到印度洋可缩短 5500~8000 公里，从地中海各国到印度洋可缩短 8000~10000 公里，对黑海沿岸来说，则缩短了 12000 公里，它是一条在国际航运中具有重要战略意义的国际海运航道，每年承担着全世界约 14% 的海运贸易。

最主要影响的还是海运贸易①。对世界上绝大多数国家而言，苏伊士运河的关闭与重开都可被看作一个外生事件。

因此，Feyrer（2009b）基于这种海运距离变化的估计能够很清晰明确地捕捉到运输成本对贸易流量的影响，而不是伴随贸易的其他因素的影响。基于此，Feyrer（2009b）构造了三个工具变量：第一，类似于 F&R（1999），基于引力模型估计的各国"理论上"的贸易流量；第二，由于运河关闭和重开，国家间的贸易恢复到正常水平需要一个调整时间，于是可以构造出基于动态调整的各国"理论上"的贸易流量；第三，基于所有贸易伙伴加权的平均海运距离的变化。上述三个工具变量，前两个是时变的，最后一个只能用于截面估计。Feyrer（2009b）的经验研究表明，贸易关于海运距离的冲击需要大约 3 年的调整时间；贸易对于人均收入具有显著的正效应，弹性系数在 0.25 左右。

比较 Feyrer（2009a，2009b）两篇文章的估计系数的大小也是很有意思的。在 Feyrer（2009a）中，人均收入关于贸易的弹性系数在 0.5 左右，这衡量的是全球化对收入的总体影响。而在这其中，约有一半的效应（0.25）是来自纯粹的运输成本的变化，另一半来自全球化的其他因素，如自然人的流动、FDI 等。

二 倍差法

工具变量提供的外生变化不仅可以甄别因果关系，而且可以提供作用途径。工具变量的寻找是一门艺术，并且有时是一件很困难的事情。在 F&R（1999）的经典工具变量之后的十年，J. Feyrer 才寻找到了两个时变的工具变量。在自然实验的作用下，样本里存在受此自然实验影响的处理组和不受影响的对照组。自然实验提供了一种外生的变化或冲击，这种外生的变动引起我们关注的自变量的变动，进而引起因变量的变动，这样就可以解决双向因果关系。在处理效应可忽略性假设条件下②，对每个个体

---

① 虽然空运的重要性在提高，但是空运只限于某些时效性强、重量轻、价值大的商品。近几十年来，国际贸易的主要运输方式还是海运。
② 处理效应的可忽略性指残差项的条件均值不依赖于处理效应，这排除了自选择的可能性。具体细节请详见 Meyer（1995）。

在事件发生前后的两个时点上的差分可以消除非时变的个体特征变量，而且残差项不再存在，这可以解决可能存在的遗漏变量问题。

Sachs 和 Warner（1995）、Wacziarg 和 Welch（2008）[1] 使用开放度的二值虚拟变量（文献中简称 SWWW）的方法事实上是一次差分法。一次差分法是对同一观测个体进行事件发生前后的比较，该方法有效的前提假设是：在没有该事件发生时，观测点在该事件发生前后是可比的（Meyer，1995，p154）。如果一个国家的贸易自由化是内生选择的结果，则可以说明，该国家在贸易自由化前后已经发生了很大的变化。而且这种一次差分的横截面回归不可避免的会发生遗漏变量偏误。

一次差分法的弊端导致了倍差法的运用，倍差法首先是对每个个体在事件发生前后的两个时点上进行差分，这样可以消除非时变的国家特征变量；然后再将处理组和对照组进行差分。Slaughter（2001）使用倍差法（Difference – in – Difference）考察四次特定的贸易自由化事件对相关国家人均收入趋同的影响，没有发现贸易自由化和人均收入趋同的系统性联系。Estevadeordal 和 Taylor（2007）考察贸易政策对经济增长的影响，他们认为传统的截面回归中，包括所有的控制变量是不可能的，即容易导致遗漏变量偏误。因此，应该使用差分的方法来消除非时变的国家特征变量。差分法又分为两种：第一种，将开放视为二值变量，使用倍差法来考察处理组（在 1985 年之后可以并且降低了关税率的国家）与对照组（没有或不能再降低关税的国家）[2] 之间经济增长率的差异；第二种，将开放看作连续变量，考察两个时期的差分并做一个截面回归分析。

然而，运用倍差法还有一个假设前提，即处理组和对照组在事件发生前后具有同样的趋势（Meyer，1995，p155）[3]。而将开放看作连续变量的差分回归不能解决反向因果和测量误差等问题。

① Wacziarg 和 Welch（2008）扩展了 Sachs 和 Warner（1995）关于贸易自由化的样本时间点至 1999 年。
② 处理组和对照组既包括发达国家，也包括发展中国家，其中，对照组包括约旦和新加坡。约旦 1985 年的平均关税率是 13.8%，而 2000 年则达到了 20%；新加坡 1985 年的平均关税率只有 2.2%。处理组包括澳大利亚、新西兰和奥地利等国家。
③ 如果处理组和对照组在事件发生前后具有不一样的趋势，则需要运用三次差分法（Triple Difference），如 Chetty、Looney 和 Kroft（2009）。

三 配对法

在运用倍差法时，该方法并不要求处理组和对照组的协变量（Covariate）有共同的定义域或定义域有重合部分，也就是说要求处理组和对照组有较大的相似性。如果一些国家的某些经济变量的分布差异性很大，则说明这些国家的可比性较差。配对法（Matching）和倍差法的相似之处在于都要求部分样本接受某种处理效应，并且两种方法适用的假设前提不同之处在于，倍差法需要我们自己去寻找外生的自然实验，而配对法则假设我们已经知道了事件的起因，继而在反事实的框架下考察处理效应的大小。工具变量和自然实验都是依靠外生的变化或冲击来解决联立性问题，本质上配对法不是考察"效应的原因"（Causes of Effects），而是转而获取某种"原因的效应"（Effects of Causes），即评估某种政策或冲击的影响大小。

Billmeier 和 Nannicini（2009）将以前常用于微观计量中的配对方法用于考察贸易开放和经济增长的关系，比较贸易开放国家和相对封闭国家的实际人均 GDP 增长率的差异，即得到贸易开放的平均处理效应（ATE 和 ATT）[1]。

为了得到贸易开放和不开放的两种情况下一个国家经济增长绩效的差异，最理想的状况是我们能够获得这个国家在同样的时间段内，贸易开放和不开放两种情况下的经济增长绩效的数据。然而，这是不可能的，一个国家在一个特定的时间内，我们只能观测到一种状态——贸易开放或不开放。由此，我们面临着数据缺失的问题。平均处理效应是一种基于反事实估计的方法，在控制一些可观测因素后，利用尽可能相似的处理对象和控制对象可以减小偏误。在通常情况下，比较具有多维特征的研究对象是不可能的，倾向得分的方法将这些特征总结成一个单一变量来进行比较，这时配对即成为可能。目前，常用的配对方法有基于倾向得分法（Propensity Score Matching）和基于范数的最小距离法[2]。

---

[1] 在配对法中，对处理效应的衡量通常是一个虚拟变量，0 和 1。Billmeier 和 Nannicini（2009）对贸易开放的度量使用的是 Wacziarg 和 Welch（2008）对 Sachs 和 Warner（1995）关于贸易开放的更新数据。

[2] 这两种方法的本质都是将多维不可比的样本点转化成一维的，一维的数据就方便进行比较了。

平均处理效应的识别依赖于一个前提假设,条件独立性假设(Conditional Independence Assumption)或基于观测变量的筛选(Selection on Observables)假设,即在考虑到一组可观测变量的情况下,处理效应的分配独立于可能的结果,或者说,处理效应的分配是随机的。如果发生自选择(Self-selection)或者选择是基于非观测变量,则平均处理效应不能被估计出来。

Billmeier 和 Nannicini(2009)发现在 20 世纪 70 年代之后,存在贸易开放和经济增长的正向关系,然而这些估计结果并非都显著,同时也是不稳健的。然而,Billmeier 和 Nannicini(2009)认为该估计的前提假设可能是不成立的,即条件独立性假设不成立。很显然,如果一个国家预期到贸易开放后,该国的经济绩效会变好,增长率会提高,则该国可能是预期到有这种结果而选择贸易开放,即贸易开放是一种自选择的结果。在这种情况下,条件独立性假设不成立。然而,这种自选择的情况在贸易开放和经济增长的框架下是很有可能的,这也是"华盛顿共识"所倡导的。

四 其他识别方法

Lee、Ricci 和 Rigobon(2004),Rigobon 和 Rodrik(2005)运用异方差识别法来控制贸易开放的内生性。该方法类似于动态面板的 GMM 估计,然而异方差识别法依赖于一个不可验证的前提假设,即系统中的方程面临的结构冲击是同期不相关的(Billmeier 和 Nannicini,2008)。黄新飞和舒元(2010)运用该方法研究中国省际贸易开放与经济增长的关系。

Romalis(2007)用进入美国的贸易壁垒作为发展中国家开放度的工具变量。然而,该工具变量只能影响发展中国家对美国的出口,而不能影响发展中国家的进口。对于发展中国家而言,贸易自由化带来的资本品和中间产品的进口,能够降低国内资本品的价格、促进投资等,这些渠道都能够显著地促进发展中国家的经济增长。

在过去的十年中,数据的丰富和数据质量的提高,新的工具变量的发现以及新的计量方法的运用都有助于对贸易开放和经济增长关系的经验分析。由于贸易开放的内生性,近年来,经济学家们通过寻找内部和外部工具变量以及其他的方法来控制贸易开放的内生性,并且也取得了一些进展。然而，每种方法也有自己的不足。

寻找到一个好的外部工具变量能够解决双向因果、遗漏变量和测量误差三个问题，然而寻找工具变量是一件非常困难的事情。在面板数据的情况下，现在大量的研究者青睐动态面板的 GMM 估计方法，该方法就是使用内生变量的滞后值作为工具变量。工具变量法通过外生的变化能够甄别因果关系，并能够显示由因及果的作用渠道。倍差法自然实验提供了一种外生的变化或冲击，这种外生的变动可以解决双向因果关系，但倍差法需要满足处理效应可忽略性的假设，以及处理组和对照组在事件发生前后具有相同的趋势。工具变量和自然实验都是依靠外生的变化或冲击来解决联立性问题的，而配对法是忽略"效应的原因"而直接考察某种处理效应的结果大小。配对法常被用于微观计量，在研究宏观问题时，可能会面临样本量不够大的问题。

第三节　实证模型、估计方法与数据

一　模型设定

（一）基本模型设定

$$y_i = \alpha T_i + X_i' \beta + \ + \eta_i + \varepsilon_i \tag{5.1}$$

$$y_{it} = \alpha T_{it} + X_{it}' \beta + \delta_t + \eta_i + \varepsilon_{it} \tag{5.2}$$

其中，i 表示省区截面单元，$i = 1, 2, \cdots, 30$；t 表示时间；y_{it} 表示各省的实际 GDP；T_{it} 是各省的开放度；δ_t 表示时间非观测效应；η_i 表示地区非观测效应；ε_{it} 是随机误差项；X 是其他控制变量，包括资本存量（K）、劳动力（L）和人力资本（H）。（5.1）式就是传统的考察贸易与增长的截面回归方程。加入时间维度之后，（5.2）式是本书基本的计量回归模型。在没有考虑开放度的内生性的情况下，对上述（5.2）式进行 OLS 估计，结果将是有偏和非一致的。因此，对（5.2）式的估计需要寻找和使用工具变量，这体现在以下三个方面[①]。

---

① 贸易开放内生性的表现及解决方法请详见陈继勇和梁柱（2011）。

1. 联立性（Simultaneity）

联立性也就是反向因果关系（Reverse – Causality），贸易开放会促进经济增长，而经济增长也会提高贸易开放度。具体表现在：第一，一个国家是由贸易之外的因素导致其富裕的，该国家也可能拥有良好的基础设施和交通系统，从而有较多的贸易量；第二，如果一个穷国的低收入是由低贸易量之外的因素导致的，该国也可能缺乏良好的制度环境，较小的税基和缺乏对国内经济活动征税的能力可能会导致其依赖关税来为政府支出融资；第三，除贸易之外其他因素导致的收入增加会使得家庭对商品种类需求的增加，并且需求结构将会从基本必需品转移到深加工、质量轻的产品上。

2. 遗漏变量

在跨国的增长回归方程中可能会遗漏制度或地理特征等与经济增长有关的变量，如一国的民族构成、殖民地的经历以及地理特征。典型的，如 Rodriguez 和 Rodrik（2000）对 F&R 的批评。同时，采取自由贸易政策的国家也可能采取其他的自由市场经济政策来提高收入。遗漏变量导致的偏误方向和遗漏的变量本身有关，即如果是遗漏了对因变量有正向影响的变量，则会造成估计结果的高估。

3. 测量误差

Frankel 和 Romer（1999）认为贸易依存度是开放的一个较差的、噪音很大的代理变量。例如，开放会导致生产率提高的技术的外溢，这种外溢和贸易流量没有很强的关系，而只是由于在两个国家间存在贸易开放。类似的，国际贸易理论认为，贸易好处的一大来源在于企业市场势力的消融，这种效应也是不依赖于真实的贸易流量的，而是依赖于一个可信的市场进入的威胁。专业化分工、自然人流动、思想的交流等都是开放带来的好处。因此，贸易依存度只是国家间交流、收入提高的一个较差的、噪音很大的代理变量，有很大的测量误差。测量误差通常会造成 OLS 的低估。

本书在静态面板模型中使用工具变量法进行估计，将会有效解决上述三个方面的问题。同时，本书也将使用动态面板中的差分 GMM 和系统 GMM 进行估计，该方法能够有效解决测量误差、非时变的遗漏变量和解释变量的内生性问题（Caselli 等，1996）。

（二）动态模型设定

$$y_{it} = \gamma y_{i,t-1} + \alpha T_{it} + X_{it}^{'}\beta + \delta_t + \eta_i + \varepsilon_{it} \tag{5.3}$$

$$\Delta y_{it} = \gamma \Delta y_{i,t-1} + \alpha \Delta T_{it} + \Delta X_{it}^{'}\beta + \Delta\delta_t + \Delta\varepsilon_{it} \tag{5.4}$$

使用类似于（5.1）式的静态模型进行跨国横截面研究，其实有个隐含的假设：这些国家在考察的那个年份正处于它们的稳态上，或者说，这些国家对其稳态的偏离是随机的（Mankiw 等，1992，p422）。如果存在以下三种情况，该隐含的假设就是不成立的。第一，贸易依存度确实影响一个国家的稳态；第二，贸易流量容易受到冲击；第三，回归稳态的调节速度是很慢的（Felbermayr，2005）。首先，在开放条件下，开放度确实会影响一国经济的稳态。其次，目前关于跨国或一个国家内部不同地区的趋同经验研究中比较一致的观点是，条件趋同的速度为每年 2% ~ 3%，即缩小与其稳态值的一半需要 23 ~ 35 年的时间。因此，基于以上两点，在研究中国分省贸易开放与经济增长时使用静态模型是不合适的，需要引入如（5.3）式和（5.4）式的动态模型，控制初期的收入水平。

二 估计方法

本章的估计方法分为不同的模型设定——静态和动态面板模型，以及不同的工具变量策略——外部工具变量、滞后期工具变量以及动态模型设定时的内部工具变量组合。首先，使用静态模型设定，分别使用固定效应（FE）模型和基于工具变量的两阶段最小二乘法（2SLS）来进行估计。在2SLS 估计中，工具变量又分为两种类型：基于各省地理特征的外部工具变量——海外市场可达性（FMA）和以贸易依存度的滞后一期作为当期值的工具变量。其次，在动态模型设定中，根据 Arellano 和 Bond（1991）、Blundell 和 Bond（1998）的思想，分别进行差分 GMM 和系统 GMM 估计。并且，在动态模型的每种估计中，又将物质资本、劳动力和人力资本分为内生变量和前定变量两种情况分别进行估计。在接下来的实证部分，我们将具体介绍每种工具变量能够解决的问题，以及估计过程中系数估计值大小的比较等问题。

三 变量说明和数据来源

本章使用的是中国 30 个省、自治区和直辖市（重庆除外）1999 ~ 2009 年的分省面板数据，下面依次说明各个变量和数据来源。

1. 实际产出。各省的实际产出使用 GDP 平减指数换算成以 1999 年为基期，并取自然对数。各省的 GDP 平减指数则是根据各省每年的名义 GDP 和可比价的国内生产总值指数（上年 = 100）计算得到。各省 1999 ~ 2009 年的名义 GDP、可比价的国内生产总值指数（上年 = 100）来自中经网统计数据库。

2. 劳动力。劳动力采用各省份年底全社会从业人员数，并取自然对数。除 2006 年外，各省 1999 ~ 2009 年底全社会从业人员数来自中经网统计数据库，2006 年各省劳动力数据取 2005 年和 2007 年数据的均值得到。

3. 各省区的人力资本存量。人力资本的度量方法主要有教育经费法、人均受教育年限法、中等教育入学率和大学生的比率等。按照 Barro 和 Lee（1993）的方法，用全部 6 岁及 6 岁以上人口的平均受教育年限来衡量，并取自然对数。根据我国实际情况，小学文化程度为 6 年，初中文化程度为 9 年，高中文化程度为 12 年，大学及以上文化程度为 16 年。各省 6 岁及 6 岁以上人口中不同学历层次人群的比重数据来源于 1999 ~ 2009 年《中国统计年鉴》"各地区按性别和受教育程度分的人口"，其中，2000 年数据来自第五次全国人口普查，其余各年的人口抽样比重稍有不同。

4. 物质资本存量。本书采用永续盘存法来核算各省的物质资本存量。由于资本存量估算对于样本初始年份的选择比较敏感，在永续盘存法意义下，初始年份选择得越早，则基年资本存量估算误差对后续年份影响就越小（张军、吴桂英和张吉鹏，2004）。参考张军等（2004）的方法，本书使用 1978 ~ 2009 年的数据来测算各省 1999 ~ 2009 年的资本存量，计算公式为：

$$K_{it} = (1 - \delta) K_{i,t-1} + I_{it} \tag{5.5}$$

（5.5）式中，K_{it}、$K_{i,t-1}$ 分别表示第 i 省区 t 期和 $t-1$ 期的资本存量；δ 是折旧率，$\delta = 9.6\%$；I_{it} 为第 i 省区 t 期的固定资本形成总额。

首先以 1999 年为基期，根据固定资产投资价格指数对各省名义固定资本形成总额进行平减。其次，估算 1978 年的资本存量，假设资本存量的增长率等于固定资本形成总额的增长率，则基期资本存量的估算公式为：

$$K_{i0} = I_{i0} / (g + \delta) \tag{5.6}$$

（5.6）式中，K_{i0} 为 1978 年的资本存量，I_{i0} 为 1978 年的固定资本形成总额，g 为考察期内固定资本形成总额的几何平均增长率，δ 是折旧率。据此，可以算出各期各地区 1978～2009 年的物质资本存量。

各省固定资本形成总额、固定资产投资价格指数来自《新中国六十年统计资料汇编》（1949～2008）。《新中国六十年统计资料汇编》中各省都缺少 1979～1990 年的固定资产投资价格指数，参考张军等（2004）的方法，利用《中国国内生产总值核算历史资料（1952～1995）》中提供的各年固定资本形成总额（当年价格）和以上一年为 1 的固定资本形成总额指数，就可以计算得到除西藏外其他 29 个省 1979～1990 年的隐含固定资产投资价格指数。除西藏外其他 29 个省 1991～2009 年的固定资产投资价格指数来自中经网统计数据库。参考张军等（2004）和西藏 1978～2009 年的固定资本形成总额数据采用西藏的全社会固定资产投资；历年《中国统计年鉴》一直未公布西藏的固定资产投资价格指数，使用 1978～2009 年的 GDP 平减指数作为西藏的固定资产投资价格指数[1]。

5. 贸易开放度。对开放度的度量，经济学界目前并没有达成共识，贸易流量是开放度的一个反映，然而，开放度会受到一个国家贸易政策的影响。许多研究者尝试从多个方面构造指标，反映一国的开放度，如 Sachs 和 Warner（1995）构造了 5 个二值指标（0 和 1）来反映一国的开放与否。本书构造的是省际面板数据，考虑到数据的可得性和遵从文献上的一致性，我们选择贸易依存度作为贸易开放度的衡量指标，具体由各省的进出口总额占当年各省的地区生产总值的比值来衡量。各省进出口总额数据来自 1999～2009 年《中国统计年鉴》中"各地区按境内目的地和货源地分

---

① 关于西藏的固定资本形成总额，张军等（2004）直接采用 1978～1991 年西藏的全社会固定资产投资数据，对于固定资产投资价格指数的来源则没有说明。

货物进出口总额"。本书还将采用 Patrick 等（1998）的方法对外贸依存度进行修正，以作为稳健性检验。

第四节　实证结果分析

一　静态面板模型估计

（一）　固定效应模型估计

对（5.2）式使用固定效应（FE）估计，结果如表 5－1 的模型 1 所示。由于（5.1）式的估计很可能遗漏相关变量，如自然资源禀赋、地理特征和制度等与地区相关的非观测效应，而这些非观测效应明显是和解释变量相关的，因此，这里选用固定效应而非随机效应①。模型 1 的结果表明，贸易依存度每提高一个百分点，各省区产出将会增加约 0.06%，劳动力和物质资本存量对经济增长的作用显著为正，而人力资本对经济增长的作用是负的，但不显著。本书的结果与黄新飞和舒元（2010）的结果类似。

使用固定效应估计，这里存在的问题是：没有考虑增长与贸易开放之间的反向因果关系，解释变量贸易开放度存在测量误差，（5.2）式中遗漏了自然资源禀赋、地理特征和制度等变量。具体来说，遗漏了自然资源禀赋、地理特征和制度等对经济增长具有正向影响的变量，贸易依存度的系数将会被高估。假设能够带来专业化分工、自然人流动、思想的交流等好处的真实的贸易开放度是 T_i^*，观测到的贸易依存度是 T_i，并且有：$T_i = T_i^* + \varepsilon_i$，$Cov(T_i^*, \varepsilon_i) = 0$。在这种经典变量误差假定下，贸易依存度的系数估计值将会有一个衰减偏误（Attenuation Bias），即系数估计值被低估（伍德里奇，2007，p309）。

因此，使用 OLS－FE 的估计结果是有偏也是非一致的，需要寻找工具变量来解决相关的偏误问题。遗漏变量使得系数高估，测量误差导致

---

① 我们对（5.1）式做了随机效应估计，并对两个结果进行了 Hausman 检验，检验结果也支持固定效应模型。

系数低估，而联立性偏误比较复杂，不容易直接给出偏误的方向，结合已有的对跨国横截面的研究，我们预期 FE - IV 的估计系数大于 FE 的估计系数。

（二）工具变量估计

本章的 2SLS 估计中，工具变量又分为两种类型：一个是寻找一个外部工具变量，参考黄玖立和李坤望（2006）的方法，基于各省地理特征来构造出口开放度的工具变量——海外市场可达性（FMA，Foreign Market Access）；另一个是以贸易依存度的滞后一期作为当期值的工具变量。FMA 的构造是取各省区省会城市到海岸线距离的倒数（乘以 100），其中沿海省份到海岸线的距离为其内部距离 d_{ii}；内地省份则为该省会城市到中国最大的五个港口（上海港、深圳港、广州港、宁波 - 舟山港、天津港）的最近距离 D_{ij}[①]。由于地理距离是不随时间变化的，同时为了反映动态特征，我们用官方名义汇率对国外市场可达性进行调整，即 1999 ~ 2009 年的人民币对美元的名义汇率乘以各省的海外市场可达性。有效的工具变量需要满足两个条件：一是工具变量必须和内生变量相关；二是工具变量和随机误差项不相关。

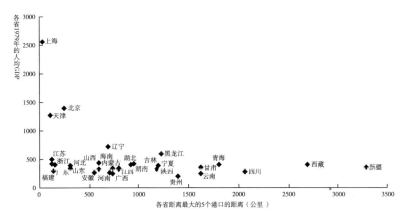

图 5 - 2 各省地理特征与改革开放初期经济绩效的关系
资料来源：各省 1979 年人均 GDP 来自中经网数据库，各省到港口的距离取自电子地图。

---

① 到港口的距离直接在电子地图上读取。各省区的内部距离取其省区地理半径的 2/3，即 $d_{ii} = \frac{2}{3}\sqrt{s_i/\pi}$，其中，$s_i$ 为 i 省的陆地面积。

从图 5 - 2 中可以看出，各省会城市距离中国最大的五个港口的距离（各省的地理特征）与 1978 年改革开放初期各省的人均 GDP 没有明显的关系，即地理区位不影响初期的经济增长。典型的，1978 年按各省人均 GDP 从高到低排序，黑龙江和江苏位列第 5 名和第 6 名，人均 GDP 分别为 594 元和 509 元；浙江和青海是第 9 名和第 10 名，分别为 417 元和 410 元；而福建只排在第 24 名，人均收入只比四川略高。改革开放 30 年后，到 2009 年，按当年人均 GDP 排序，江苏位列全国第 4 名，而黑龙江是第 15 名，江苏的人均 GDP 是黑龙江的 2 倍，浙江的人均 GDP 是青海的 2.3 倍，福建是四川的 1.95 倍。而这种成绩的取得主要是改革开放的成果，沿海省份充分发挥地理优势，大力发展加工制造业，从事对外贸易。因此，地理距离并不直接影响经济增长，而是通过对外贸易进而发挥作用；并且，经济增长并不会改变各个省的地理特征。中国人民币官方汇率为中央决策者控制，对各个地方来说可以视为外生给定的。综上所述，时变的海外市场可达度（以 FMA 乘以人民币汇率）是贸易开放度的一个有效的工具变量。该工具变量可以解决反向因果、遗漏变量和测量误差这三种偏误。

另一种工具变量策略是以贸易依存度的滞后一期作为当期值的工具变量，在时间序列和面板数据中，这是一种很常见的选取工具变量的方法。滞后期的贸易依存度与当期值有较强的相关性，通过当期值对经济增长产生影响，而当期的经济增长对前一期的贸易依存度则没有影响。这可以解决反向因果关系，但是，这种工具变量策略并不能有效地解决测量误差和遗漏变量问题。

这两种工具变量策略的实证结果见表 5 - 1 的模型 2 和模型 4。使用海外市场可达度作为 IV 的估计结果表明，开放度的估计系数是 FE 估计的 8.3 倍，达到了 0.491，并且在 5% 的水平上显著。如理论所预期的一样，IV 估计结果的标准误会增大，是 FE 估计标准误的 8.5 倍，其 95% 的置信区间为 0.057 ~ 0.925，包含了 FE 估计的置信区间。这表明虽然 IV 的估计结果增大，但随着标准误的增大，IV 的估计结果由于置信区间很宽，相对来说并不是很精确。模型 4 使用贸易依存度的滞后一期作为 IV 的估计结果表明，贸易开放度的估计系数为 0.118，且在 1% 的水平上显著。IV 估计的标准误如预期增大，只是比 FE 的稍大，此时的系数估计值相比模型 2

要精确很多。

由于 FMA（地理距离）是非时变的，不能使用固定效应模型进行估计。模型 3 的估计参考 Acemoglu 等（2005）的方法，把 FMA 乘以时间虚拟变量，总共得到 10 个新的变量，即 FMA × D2000，…，FMA × D2009 等，用这 10 个变量组合作为开放度的工具变量，估计结果如表 5 – 1 模型 3 所示。开放度的估计系数只有模型 2 中系数的 1/4 左右，但是显著度有所提高。标准误比 FE 估计的略大，此时的系数估计值相对比较准确。模型 2、模型 3 和模型 4 的其他三个变量的系数估计值的大小接近。

表 5 – 1　静态面板模型中贸易开放对经济增长的影响

	模型 1	模型 2	模型 3	模型 4
	FE	FE – IV	FE – IV	FE – IV
$\ln k$	0.378 ***	0.387 ***	0.385 ***	0.385 ***
	(0.0918)	(0.0898)	(0.101)	(0.0210)
$\ln l$	0.131 * *	0.123 * *	0.0950	0.113 ***
	(0.0522)	(0.0524)	(0.0791)	(0.0397)
$\ln h$	– 0.0971	– 0.107	– 0.0756	– 0.0864
	(0.0696)	(0.0668)	(0.0755)	(0.0632)
T	0.0585 * *	0.491 * *	0.130 ***	0.118 ***
	(0.0258)	(0.217)	(0.0279)	(0.0278)
时间固定效应（year dummy）	Yes	Yes	Yes	Yes
常数项	13.95 ***	13.75 ***	14.28 ***	14.05 ***
	(2.505)	(2.388)	(2.892)	(0.915)
样本点	330	330	300	300
Within – R^2	0.994	0.995	0.716	0.994
整体回归 F（χ^2）	P = 0.00	P = 0.00	P = 0.00	P = 0.00
一阶段结果		– 0.0489 ***		0.751 ***
		(0.016)		(0.042)
一阶段 F 值		9.59	107.13 §	44.97
IV 策略		FMA * 汇率	FMA * Year dummy	开放度的滞后一期

注：被解释变量是 lny；括号中的数值是 White – Huber 稳健标准误；***，* *，* 分别表示显著性水平 1%，5%，10%；§ 表示对 10 个工具变量组合联合显著性的检验。

F&R（1999）的实证结果发现 IV 的估计结果比 OLS 的大，本书静态面板模型的估计结果也证实了这个发现。然而考虑到有遗漏变量偏误，从计量经济学理论的角度来看，IV 的估计结果不可能比 OLS 的要大。F&R（1999）给出了两个可能的原因：一是样本选择误差；二是存在测量误差。F&R（1999）认为最可能的原因就是样本选择误差。Irwin 和 Tervio（2002）运用 F&R（1999）的方法构造工具变量，利用 20 世纪不同历史时期的数据发现，IV 的估计结果一致性地比 OLS 的结果要大。Noguer 和 Siscart（2005）用更大样本也发现 IV 的估计结果一致性地比 OLS 的结果要大。因此，F&R（1999）的推测——IV 的估计结果比 OLS 的估计结果大的原因来自样本选择误差，是不大可能的。然而，我们推测，OLS 的估计结果偏小可能是来源于开放和经济增长之间的双向因果关系。

二　动态面板模型估计

在本章第二节第一部分已经阐明，在研究中国分省贸易开放与经济增长时使用静态模型是不合适的，需要引入如（5.3）式和（5.4）式的动态模型。对动态面板模型的估计可以使用差分 GMM 和系统 GMM。Arellano 和 Bond（1991）假设残差项的一阶差分 $\Delta\varepsilon_{it}$ 与所有 Y_{is}、X_{is}（$s \leqslant t-2$）都不相关，即可以得到一阶差分的矩条件：

$$E\left(y_{i,t-s}\Delta\varepsilon_{it}\right) = 0$$
$$E\left(X_{i,t-s}\Delta\varepsilon_{it}\right) = 0 \tag{5.7}$$

其中，$t = 3, 4, \cdots\cdots, T$；$s \geqslant 2$。（5.7）式表明，可以用滞后两阶和更高阶的内生解释变量的水平值做（5.4）式中差分解释变量的工具变量[①]。这其中的一个隐含假设条件是，所有的内生解释变量都具有弱外生性，该假设可以由 Sargan 或 Hansen 过度识别约束来检验。该矩条件的个数为：$(T-1)(T-2)/2$，并且该假设条件的满足需要水平方程（5.3）式的残差项不存在二阶或更高阶的序列相关。我们也将在实证中给出该检验。

---

① 过多的工具变量会导致系数估计偏向于 OLS 的估计结果，并且容易使得 Sargan 或 Hansen 过度识别统计量，过度接受原假设，即所有的工具变量都是有效的（Bowsher，2002）。事实上，我们可以限制差分方程中解释变量的工具变量的个数，如只使用水平值的滞后三阶和/或四阶来作为工具变量，可以大大减少工具变量的个数。

动态差分模型的好处如下。第一，在增长回归方程中可能遗漏的变量大多和贸易或者制度相关，如一国的民族构成、殖民地的经历以及地理特征等，而这些因素一般随时间变化是比较小的。取差分后能够消除掉这些不随时间变化的变量和个体非观测效应，从而能够部分地解决遗漏变量问题。对于时变而且对各国都造成类似影响的事件，如世界需求的增加和运输成本的下降，可以通过加入时间虚拟变量来加以控制。第二，差分能够消除反向因果关系。

Blundell 和 Bond（1998）发现，当（5.3）式中的γ趋近于 1 或者当个体非观测效应的方差比残差项的方差，即 Var（η_i）比 Var（ε_{it}）增加得更快时，一阶差分 GMM 的有限样本特性较差，需要对水平方程（5.3）式施加额外的约束采用系统 GMM 来进行有效的估计。额外的约束为：

$$E\left(u_{it}\Delta y_{i,t-1}\right) = 0 \qquad (5.8)$$

其中，$t = 3, 4, \cdots, T$；$u_{it} = \varepsilon_{it} + \eta_i$。额外约束表明，用原序列的一阶差分滞后项作为水平方程的工具变量。系统 GMM 估计的好处如下。第一，对于存在非时变的遗漏变量问题，该估计将不再是有偏的。第二，当估计模型的右边存在内生变量时，工具变量的使用会使系数的估计是一致的。第三，Bond 等（2001）表明，即使存在测量误差时，工具变量的使用也会得到一致性的估计。在用系统 GMM 估计的时候，还能够区分贸易开放对经济增长的短期效应和长期效应，短期效应即为（5.3）式中开放度的系数α，长期效应为$\tau = \alpha / (1 - \gamma)$。表 5 - 2 也计算了各种情形下的长期效应的系数值。

考虑到劳动力、物质资本和人力资本等变量都是存量指标，可以认为是在前一期末已经确定了的，因此，表 5 - 2 中动态面板 GMM 的估计又将劳动力、物质资本和人力资本等变量区分为前定变量和内生变量。全部模型的估计结果都显示贸易开放度对经济增长具有显著的正向促进作用。以表 5 - 2 中模型 2 和模型 4 为例，差分 GMM 估计的开放度的系数显著为正，表明前后两年间贸易依存度每提高一个百分点，省区经济增长率（产出的对数取差分表示增长率）将会提高 0.027%，这是一个即期的结果；在长期内，贸易依存度每提高一个百分点，各省区产出将迅速增加约 8.1%。系统 GMM 估计的开放度的系数显著为正，表明贸易依存度每提高一个百分点，

表 5-2 动态面板模型中贸易开放对经济增长的影响

	模型1 Dif-GMM	模型2 Dif-GMM	模型3 Sys-GMM	模型4 Sys-GMM	模型5 Dif-GMM	模型6 Dif-GMM	模型7 Sys-GMM	模型8 Sys-GMM
l.lny	0.617***	0.668***	0.799***	0.955***	0.723***	0.702***	0.891***	0.930***
	(0.106)	(0.0995)	(0.0624)	(0.0253)	(0.108)	(0.119)	(0.0389)	(0.0184)
lnk	0.106***	0.0937*	0.159***	0.0375**	0.118**	0.139**	0.117***	0.0509***
	(0.0392)	(0.0483)	(0.0424)	(0.0185)	(0.0528)	(0.0579)	(0.0331)	(0.0154)
lnl	0.0704	0.0410	0.0790*	0.0135	0.0200	0.0278	-0.00232	0.0298***
	(0.0646)	(0.0637)	(0.0385)	(0.0127)	(0.0589)	(0.0676)	(0.00920)	(0.00787)
lnh	-0.0949***	-0.0954***	-0.133***	0.0164**	-0.119***	-0.117***	-0.0764***	0.0336***
	(0.0288)	(0.0253)	(0.0331)	(0.00634)	(0.0300)	(0.0293)	(0.0103)	(0.00453)
T	0.0311***	0.0269***	0.0172*	0.0117***	0.0296**	0.0336**	0.0162*	0.0224***
	(0.00880)	(0.00791)	(0.00768)	(0.00278)	(0.0170)	(0.0173)	(0.00981)	(0.00625)
时间固定效应	Yes	Yes	Yes	Yes	Yes	Yes	Yes	Yes
τ	0.081	0.081	0.086	0.26	0.107	0.113	0.149	0.32
样本点	270	270	300	300	270	270	270	270
整体回归 $F(\chi^2)$	P=0.00	P=0.00	P=0.00	P=0.00	P=0.00	P=0.00	P=0.00	P=0.00
Sargan (p)	1.00	1.00	1.00	1.00	1.00	1.00	1.00	1.00
AR(2) (p)	0.458	0.647	0.728	0.694	0.849	0.664	0.648	0.09
IV策略	k,l,h 为前定变量	解释变量全部内生	k,l,h 为前定变量	解释变量全部内生	k,l,h 为前定变量，FMA×汇率作为开放度的IV	解释变量全部内生，FMA×汇率作为开放度的IV	k,l,h 为前定变量，FMA×汇率作为开放度的IV	解释变量全部内生，FMA×汇率作为开放度的IV

注：被解释变量是 lny；括号中的数值是 White-Huber 稳健标准误；***，**，* 分别表示显著性水平 1%，5%，10%；τ 是开放度对经济增长的长期效应。

各省区产出将迅速增加约 0.012%；而在长期内，各省区产出将迅速增加约 26%，这是相当大的一个产出增加量。对比表 5 – 1 和表 5 – 2 可以看到，在动态模型设置中，开放度的估计系数都小于静态模型设置中 FE 的估计结果，而长期效应的系数值都大于 FE 的估计结果。

我们采用 Sargan 检验来检验过度识别的有效性，即检验所有工具变量都和残差项无关的原假设。表 5 – 2 中 Sargan 检验的结果没有拒绝过度识别约束的有效性，表明所有工具变量都是有效的。差分方程是以解释变量水平值的二阶或者更高阶的滞后值作为工具变量，要求（5.4）式的残差项不存在二阶序列相关。表 5 – 2 除了模型 8 之外，序列相关检验结果表明残差项不存在二阶序列相关，Arellano 和 Bond（1991）的假设成立。

从表 5 – 1 和表 5 – 2 中可以看出，本书基于不同的模型设置和不同的方法估计（FE，IV – FE，Dif – GMM，Sys – GMM）的结果都表明，贸易开放对经济增长具有显著的正向作用，本书的结果具有稳健性。本书也采用 Patrick 等（1998）的方法对外贸依存度进行修正，模型如下：

$$\ln T_{it} = \beta_0 + \beta_1 \ln GDP_{it} + \beta_2 (\ln GDP_{it})^2 + \beta_3 \ln POP_{it} + \beta_4 (\ln POP_{it})^2 + \beta_5 \ln (GDP_{it}/POP_{it}) + \beta_6 (\ln GDP_{it}/POP_{it})^2 + \varphi_{it} \tag{5.9}$$

对（5.9）式回归，剔除统计上不显著的变量得到预测值和残差项，利用回归结果得到开放度的修正值 $AT_{it} = \exp [\ln (T_{it}) - \varphi_{it}]$。利用修正的贸易依存度重新进行表 5 – 1 和表 5 – 2 的回归，结果类似，修正的开放度仍然显著地促进经济增长。因此，这表明贸易开放能够显著地促进各省区的经济增长。

第五节　本章小结

本章使用中国的分省面板数据来考察贸易开放与经济增长的关系，可以有效地排除贸易政策的影响，集中于考察贸易流量的变化对经济增长的影响；基于不同的模型设定——静态和动态面板模型，和不同的工具变量策略——外部工具变量、滞后期工具变量以及动态模型设定时的内部工具变量组合，来控制开放度的内生性。本章的研究结论如下。

第一，静态模型估计中 IV 的估计结果比 OLS 的大，随着系数估计值的增大，标准误也有不同程度的增大。

第二，在动态模型设置中，开放度的估计系数都小于静态模型设置中 FE 的估计结果，而长期效应的系数值都大于 FE 的估计结果。

第三，不同模型设置和不同工具策略的模型估计都表明，对外开放对于经济增长具有显著的正向促进作用，同时，本章的结果具有稳健性。

以往的跨国研究往往混淆了单纯的贸易流量的变化和贸易政策导致的贸易流量的变化对经济增长的影响，因此，研究结果容易招致批评。本书考察的是各省的贸易流量的变化对经济增长的影响，并没有涉及贸易政策对贸易流量的影响，这使得本书的结果具有明确性。

本章的结果也验证了中国自改革开放以来的经验事实，出口导向型的经济增长模式使得中国的对外贸易飞速发展，贸易使得各种生产要素被充分利用，对外贸易有力地促进了各省区的经济增长。在开放的过程中，通过竞争、模仿和前后向关联等形式，企业的管理水平和技术水平等得以提升，为经济增长奠定了坚实的微观基础。但是，本章的实证模型并不能捕捉到通过进出口而获得的技术外溢，经验事实证明，技术外溢对一国的全要素生产率的提高具有重要影响。面板 GMM 方法的流行在某种程度上反映了寻找外部工具变量的困难。由于外生变量能够比滞后内生变量提供更多的外生信息，因此寻找贸易开放度的时变的工具变量是一件非常困难的事情，也是该领域未来研究的一个方向。量化分析贸易促进经济增长的各种渠道将是未来该领域研究的又一方向。

第六章

中国经济增长的地区差距分析：
基于贸易开放视角的度量*

第一节　引言

第二章建立在新经济地理学基础上的模型为我们描述了贸易开放背景下地区差距的动态演进过程，第五章利用中国的分省面板数据有效地剥离了贸易政策的影响而集中于考察贸易流量对省区经济增长的影响，第四章定量分析了外商在华直接投资的区位影响因素以及外商直接投资的区位分布非均衡问题，本章则是在上述章节分析的基础上，定量考察中国对外贸易与地区经济增长差距的关系。

改革开放以来，中国经济增长和对外贸易都取得了令人瞩目的成就。由于中国各地区在地理位置、资源禀赋、历史文化和产业结构等方面存在较大差异，中国经济增长的地区差距自20世纪90年代以来持续扩大。进入21世纪，随着中国加入世界贸易组织和"推进西部大开发""振兴东北地区等老工业基地""促进中部崛起"等战略的相继实施，中国地区经济发展差距不仅没有缩小，反而仍在扩大。因此，中国地区经济增长差距问题成为当前学术研究的热点之一。

关于中国地区差距的研究，按研究方法可以分为两大类：不平等的度量与分解（如林毅夫等，1998；范剑勇、朱国林，2002；范剑勇，2008）和基于新古典增长理论的收敛分析（蔡昉、都阳，2000；沈坤荣、马俊，

---

　*　本章的主体部分发表在《国际商务》2014年第1期上。

2002；许召元、李善同，2006）。在解释中国地区差距形成的原因方面，一些学者尝试从不同角度去阐述和分析，如人力资本（蔡昉、都阳，2000）、外商直接投资（魏后凯，2002；Dayal - Gulati 等，2000）、经济发展战略（林毅夫、刘培林，2003）、基础设施（Demurger，2001）、地理位置和偏向性政策（Demurger 等，2002）、产业集聚（范剑勇、朱国林，2002；范剑勇，2008；王丽娟，2005）、全要素生产率的差异（傅晓霞、吴利学，2006，2009；彭国华，2005）、对外贸易（陈继勇、雷欣，2008）和历史因素（刘瑞明，2011）等。

与外商在华直接投资迅猛发展紧密联系的对外贸易的快速增长是导致中国地区经济增长差距拉大的重要原因之一。Kanbur 和 Zhang（2005）的经验分析表明，1978 ~ 2000 年财政分权和贸易开放能够显著地影响中国的地区差距，并且贸易开放的影响作用更大。万广华等（2005）在估计收入函数的基础上，用 Shorrocks 提出的夏普里值过程来分解、解释变量对收入差距的贡献，发现 FDI 和贸易对于地区间收入差距的贡献显著为正，并且随着时间的推移而加强。另外，中国幅员辽阔，各地区地理位置和享受政策的差异会导致中国内部对外贸易的区域结构失衡，进而会导致地区收入差距。

以往的研究很少把地区经济差距、地区出口贸易规模非均衡、地区进口贸易规模非均衡联系起来进行系统考察，并探究三者之间的长期趋势和短期因果关系。我们认为中国进出口贸易的区域结构不平衡是导致区域差距扩大的重要因素之一。在上述问题研究的基础上，我们需要进一步回答的一个问题是：开放度高的省份与开放度低的省份相比，平均来看，人均产出的差距到底有多大？本章将使用政策评估的方法——倾向得分匹配法，来估计中国各省、自治区和直辖市（以下简称"省区"）贸易开放对地区差距的影响。

过大的地区间差距不仅影响整体经济增长，而且还会危及社会稳定，成为影响社会不安定的因素之一。因此，密切关注并研究中国地区经济增长差距问题，具有重要的理论和现实意义。本章分为四个部分：第一节为引言；第二节描述了 1980 ~ 2010 年中国地区差距的演变及其作用机制；第三节从时间序列的角度分析对外贸易地区结构失衡与地区差距；第四节首先介绍了倾向得分匹配法，然后运用省际面板数据进行了实证分析；第五节是本章小节。

第二节　中国地区差距的测度与演变及其作用机制

一　中国地区经济增长差距的演变

收入差距问题一直是经济增长理论和发展经济学关注的热点问题，也是各国政府在制定经济社会发展政策时重点考虑的内容。地区差距是收入差距的重要组成部分，它既包括国家间的收入差距，也包括国内各地区之间的差距。中国作为一个幅员辽阔的大国，各地区的地理条件、文化差异有着很大的差异，国内地区发展差距问题也长期存在。新中国成立之后，中央政府出于当时政治和经济环境的需要，同时也是为了促进内陆地区的发展，有计划地在内陆地区加大工业和交通基础设施的投入，甚至将一些企业从沿海地区迁移到内地。改革开放以后，得益于地理位置、优惠政策和良好的发展基础，东部沿海地区再次在中国经济发展中占据了优势地位，中国地区发展差距随着对外开放的深入而拉大了。

目前度量地区经济增长差距常用的指标有：变异系数（CV）、基尼系数（Gini）、广义熵（GE）、泰尔指数、对数方差和 Atkinson 指标等。在上述指标中，只有第二泰尔指数 GE（0）可以用人口比重作为权数的相加可分解指标（万广华，2008）。并且第二泰尔指数满足衡量区域经济差距的四大原理：匿名性、齐次性、人口无关性和转移性原则。为了消除价格因素的影响，这里使用 GE（0）对实际人均产出（GDP）的不平衡进行测算，并将总体不平衡分解为地区间不平衡和地区内不平衡。其计算公式为：

$$E\ (0)\ = \sum_i f_i \ln\ (\frac{\bar{y}}{y_i})$$

其中，f_i 是第 i 个观测单位的人口比例，y_i 是第 i 个单位的人均收入，$\bar{y}$ 是 y_i 的平均值。

图 6 - 1 按沿海和内地对中国省区（由于重庆 1997 年才成立，这里的分析是除重庆外的 30 个省区）进行划分。沿海和内地的划分：沿海地区包括北京、天津、河北、上海、江苏、浙江、福建、山东、广东、辽宁 10 个省市；内地包括海南、山西、安徽、江西、河南、湖北、湖南、四川、

贵州、云南、西藏、陕西、甘肃、青海、宁夏、新疆、内蒙古、广西、吉林、黑龙江 20 个省。重庆由于 1997 年才成立，不计入。海南由于经济发展水平较低，所以将其划入内地省份。

从图 6-1 中可以看出，1980～2009 年中国泰尔指数的变动呈现出明显的阶段性。1980～1989 年，第二泰尔指数呈下降趋势，表明此阶段全国地区经济增长差距整体上呈现缩小的态势。然而在 1989 年之后，第二泰尔指数不断上升，直到 2005 年和 2006 年到达顶点。这与本书第三章基于新经济地理学理论模型的预测是一致的。本章的发现与很多学者的分析是类似的（林毅夫等，2003；范剑勇，2008），即 1990 年是中国地区经济增长差距变化的一个转折点[1]。一般认为在改革开放初期，家庭联产承包责任制等农村改革的大力实施，使得农村地区和农民收入有了相对较高的提升，从而使得农村人口比重较大的内陆地区相对于沿海地区的发展差距不断缩小。此后随着改革开放的深入，特别是对外贸易开放程度的不断加深，中国经济的外向型特征日益明显，沿海地区由此凭借优越的地理位置、优惠的政策倾斜和相对较好的工业基础，发展速度远远超过内陆地区，使得中国的地区差距不断扩大。从最近几年（2005～2009 年）的变化来看，泰尔指数呈现下降的趋势，我们认为这是由于中国自 20 世纪末以来实施的"推进西部大开发""振兴东北地区等老工业基地""促进中部崛起"等一系列区域协调发展政策的作用结果，在一定程度上缓和并缩小了地区差距。

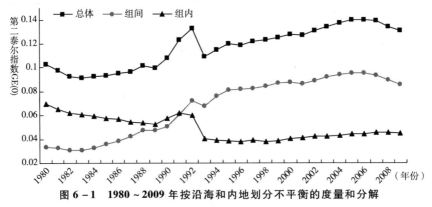

图 6-1　1980～2009 年按沿海和内地划分不平衡的度量和分解

注：所有的数据来源及本书用到的指标参见文后的数据附录。

---

[1]　这些学者指出 1990 年是中国地区差距的转折点。

就地区差距形成的区域构成情况而言，地区内的差距总体呈现下降趋势，而地区间差距总体呈现上升趋势。地区内的差距总体呈现下降趋势并且从 1994 年开始组内差距的泰尔指数就一直保持在 0.04 左右的水平，这表明沿海和内陆地区各自内部的差距趋于稳定，各区域都有各自相对稳定的发展速度。从 1994 年开始，区域间差距对总体地区差距的贡献度是区域内差距贡献度的 2 倍，这表明沿海省区和内地省区之间的差距越来越大，区域间差距的扩大是地区差距形成的主要原因。

我们注意到，近年来开放度高的省份主要是沿海省份，并且已有研究表明对外贸易是引致中国地区差距的重要原因之一，因此，以开放度高低对中国省区进行划分来观察不平衡的构成十分必要。图 6 - 2 按开放度①高低将中国省区进行划分（除西藏和重庆外共 29 个省区）②。贸易总额的地区差距度量是用各省份的名义进出口总额和人口数计算的 GE（0）指数，对应图 6 - 2 中右侧的纵轴。为了和图 6 - 1 进行对照，首先，我们按开放度高低对每年 29 个省区的开放度进行排名，取前 10 位为开放度高的省区，剩下 19 个省区为开放度低的省区。在 1980 年，广西和陕西都位列开放度高的省区，分别排名第 7 位和第 8 位；而广东省排名最后，这种情况一直持续到 1991 年。从 1992 年开始至今，广东的开放度一直位列前三。另外，从 1995 年开始，开放度最高的 10 个省区中，东部沿海省区占了 9 个。从 2002 年开始，得益于对中亚的贸易，新疆也跻身于开放度前 10 的省区。

从图 6 - 2 中可以看出，1980 ~ 2009 年，人均贸易额和人均实际 GDP 的 GE（0）指数的波动是比较同步的，表明中国对外贸易的地区结构失衡与地区经济增长差距的相关性较大，这与李斌和陈开军（2007）、张曙霄等（2009）的发现一致。另外，地区内的差距总体呈现下降趋势，而地区间差距总体呈现上升趋势，从 1994 年开始，区域间差距对总体地区差距的贡献度是区域内差距贡献度的 1.7 ~ 2 倍。

---

① 对开放度的度量经济学界目前并没有达成共识，考虑到数据的可得性和遵从文献上的一致性，我们选择贸易依存度作为开放度的衡量指标，具体由各省的进出口总额占当年各省的地区生产总值的比值来衡量。

② 由于西藏的很多变量观测值缺失，此处和后文的实证分析没有考虑西藏。

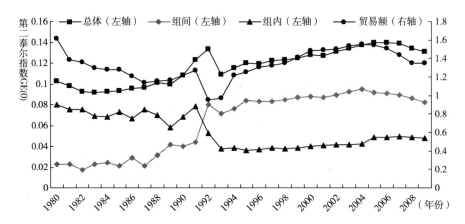

图 6 - 2　1980～2009 年按开放度高和低划分不平衡的度量和分解

注：所有的数据来源及本书用到的指标参见文后的数据附录。

综合图 6 - 1 和图 6 - 2 可以看出，从 1993 年开始，无论以何种形式划分中国省区，区域间经济增长差距对地区差距的贡献度达到 60% 以上，是地区差距形成的重要方面。可见，由于各省区地理位置的差异，与外商在华直接投资紧密相连的贸易开放度的高低是造成中国地区经济增长差距的重要原因。

二　中国地区经济增长差距扩大的作用机制

基于规模报酬递增、垄断竞争和贸易成本的新经济地理学中已有比较成熟的模型来解释地区差距的变化。在一个"两国三地区"的简化模型中，国内两地区（假设为地区 1 和地区 2）和国外地区开展贸易时，国内两地区的贸易成本不相等。具有自然地理优势的地区面临的运输成本较小。从需求的角度看，靠近国外市场的地区 1（在中国表现为沿海地区）有着更大的国外市场，国外市场接近度高于相对远离国外市场的地区 2（在中国表现为内地省区）。"本地市场效应"的存在，导致厂商向地区 1 迁移（向心力）。地区 1 厂商数目的增加使得地区 1 实际工资高于地区 2 的实际工资，即"生活成本效应"。较高的实际工资会使得劳动力从地区 2 向地区 1 迁移。本地市场效应和生活成本效应的相互加强，形成累积因果循环。但是，地区 1 厂商的集聚也意味着竞争更加激烈，面对国内外厂商的激烈竞争，本国厂商将倾向于迁移至远离国外厂商的地区 2，这构成了对地区 1 厂商的离心力。均衡的结果取决于两种力量的相对大小。

在中国，随着对外开放的扩大和贸易自由化的推行，向心力大于离心力，一些产业迅速向东部沿海地区集聚。本书第二章的模拟（图 2 - 3）表明，在贸易自由化初期，工资差距先暂时扩大而后减小；而当贸易自由化程度比较高时，收入差距逐渐拉大。其微观机制表现为：国外市场接近度大的地区面临的需求更大，在劳动力自由流动受到限制时，要素价格包括劳动力的价格将会上升，从而东部沿海的工资收入将高于内地。产业集聚会导致东部省区的整体产出远高于内地省区。

后向联系是确保出口部门不会成为整体经济的一块"飞地"的重要机制，也是出口导向型经济战略成功的要素之一。一个整合的产业链能够将出口部门的强劲增长扩散和传递到经济体的其他部门。而这种溢出效应的强度取决于出口部门和经济体其他部分的后向联系的整合程度，以及经济发展所必需的如基础设施、人力资本、企业家能力等要素的可获得性。而改革开放以来，与外商在华直接投资紧密相连的中国外贸，其突出特点就是"两头在外，三来一补"，加工贸易占有很大的份额。2000～2010 年，加工贸易在中国贸易总额中的比重即使从 2000 年的 52.9% 下降到 2010 年的 43.8%[①]，比重依然较大。中国对外贸易的这种特点使得后向联系较弱，产业链较短，因此，沿海地区通过后向联系机制带动内地发展的程度有限。

第三节　对外贸易地区结构失衡与地区差距：基于时间序列的研究

在第二节中，我们分析了中国地区间对外贸易的差异引致了地区经济增长的差距，图 6 - 2 表明人均贸易额和人均实际 GDP 的 GE（0）指数的波动是比较同步的，相关度较高。在本节中，我们进一步考虑各省区的进

---

① 原始数据来自中经网统计数据库，经作者计算得出。

口和出口贸易的非均衡与各省区间经济增长绩效差异之间的关系，特别是考察这三者之间是否具有长期稳定关系。在实证分析中，考察几个变量间的长期关系常用的是协整的方法。

一 计量方法

协整研究采用如下的 p 阶向量自回归模型：

$$Y_t = \sum_{i=1}^{p} A_i Y_{t-i} + BX_t + \varepsilon_t \qquad (6.1)$$

其中，Y_t 表示 $n \times 1$ 个 y_t 的向量组，X_t 是一个确定的 d 维外生向量，代表趋势项；ε_t 是白噪音。在进行实证分析前，我们采用 ADF 方法进行序列单位根检验。（6.1）式中向量自回归滞后阶数的选择根据施瓦茨（SIC）和赤池信息准则（AIC）来确定。

为了和第三章中对中国地区间对外贸易非均衡使用的衡量指标一致，本节采用 Johansen 和 Juseliues（1990）多变量协整检验方法对每年人均进口额、人均出口额和人均实际 GDP 的 GE（0）指数时间序列进行协整检验。将（6.1）式改写成向量误差修正模型：

$$\Delta Y_t = \Pi Y_{t-1} + \sum_{i=1}^{p-1} \Gamma_i \Delta Y_{t-1} + BX_t + \varepsilon_t \qquad (6.2)$$

其中，ΔY_t 是 Y_t 的一阶差分，$\Gamma_i = -\sum_{j=i+1}^{p} A_j$，$\Pi = \sum_{i=1}^{p} A_i - I$。矩阵 Γ_i 表示滞后项之间的短期冲击的影响。如果 Π 的秩等于 r，r 小于 n，那么矩阵 Π 可以写成：

$$\Pi = \alpha \beta' \qquad (6.3)$$

其中，α，β 都是 $n \times r$ 矩阵，α 是调整参数矩阵，反映变量之间的均衡关系偏离长期均衡状态时，将其自身调整到均衡状态的调整速度。β 是协整向量矩阵。线性组合 $\beta' Y_t$ 是一个平稳的 $I(0)$ 向量。也就是说，即使 n 个时间序列是非平稳的 $I(1)$，但是它们之间的某种线性组合却是平稳的 $I(0)$，则这 n 个非平稳的时间序列之间存在长期稳定的关系——协整关系。其经济学含义是，这 n 个变量在长期中发展趋势相近似。本节同时采用迹检验和最大特征值检验进行 Johansen 协整检验。

二　实证结果和分析

（一）单位根检验

为了减小估计模型的异方差干扰，首先对各省区人均实际 GDP、人均实际出口额、人均实际进口额的泰尔指数取自然对数，因此计量模型的估计系数为弹性。用 ADF 单位根方法检验三个变量的平稳性，检验结果如表 6 - 1 所示。

由表 6 - 1 中的结果可知，三个泰尔指数序列都是非平稳的，其一阶差分都是平稳的。三个一阶平稳 I（1）序列可以用上述 Johansen 和 Juseliues（1990）的方法来进行协整检验，之前有必要对三个变量构建一个 VAR 模型来确定其最优滞后阶数。使用 SIC、AIC 信息准则，LR 统计量等确定最优滞后阶数。检验结果表明，最优滞后为 3 阶，所有单位根的模型都在单位圆内，表明模型是平稳的。

表 6 - 1　三个变量及其查分序列的平稳性检验

变量	ADF统计量	5%临界值	估计形式	结论	变量	ADF统计量	5%临界值	估计形式	结论
$lngdptheil$	-1.044	-3.581	$(C, T, 2)$	不平稳	$dlngdptheil$	-3.00	-2.972	$(C, 0, 1)$	平稳
$lnextheil$	-2.871	-3.622	$(C, T, 7)$	不平稳	$dlnextheil$	-3.092	-2.968	$(C, 0, 0)$	平稳
$lnimtheil$	-3.572	-3.603	$(C, T, 5)$	不平稳	$dlnimtheil$	-5.482	-2.968	$(C, 0, 0)$	平稳

注：ADF 检验形式为 (C, T, K)，其中 C 和 T 表示常数项和趋势项，K 为滞后阶数，作者根据 Eviews 6.0 软件计算所得。

（二）协整检验

对三个泰尔指数序列进行协整检验，遗憾的是，三者间不存在协整关系。通过第三章对中国地区间对外贸易差异的分析可知，1992 年是中国对外开放历史上一个重要的年份，很多的统计指标如变异系数、人均生产总值的泰尔指数和区位熵指数等都在 1992 年有一个跳跃性的变动，这在时间序列的分析上称为"结构突变"。考虑到上述问题，我们选取 1992 ~ 2010 年子区间段来考察三者间的协整关系，结果见表 6 - 2。从表 6 - 2 中我们看到迹检验和最大特征值检验均表明 3 个变量之间有且只有 1 个协整关系，即地区人均国内生产总值的泰尔指数、人均进口额的泰尔指数、人均出口额的泰尔指数之间存在长期稳定的关系。

表 6 - 2　Johansen 协整检验结果

假定协整关系的个数	迹检验统计量	5% 临界值	最大特征值检验统计量	5% 临界值
0	36.97	26.79 *	26.91	21.13 *
至多 1	10.06	15.49	10.01	14.26
至多 2	0.0024	0.046	0.046	3.84

注：* 表示在 5% 的水平上显著；作者根据 Eviews 6.0 软件计算所得。

估计出经过标准化的协整关系式如下：

$$lngdptheil = 0.21 lnimtheil + 0.19 lnextheil \quad (6.4)$$
$$(2.65) \qquad\qquad (3.12)$$

（6.4）式所列协整关系下面括号中的数字为 t 值，表明各变量都是显著异于零的。对（6.4）式的残差进行单位根检验，检验结果表明残差是平稳的，这再次表明三个变量间存在长期稳定的关系。这表明，在长期中，中国地区间对外贸易的差异对地区经济增长的差距有显著的影响。具体来看，在其他条件不变的情况下，人均出口贸易的泰尔指数每增大 1%，人均 GDP 的泰尔指数将会增大 0.19%；人均进口贸易的泰尔指数每增大 1%，人均 GDP 的泰尔指数将会增大 0.21%。

从（6.4）式可以看出，地区收入差距对进口贸易的弹性大于其对出口贸易的弹性，这与李斌和陈开军（2007）、张曙霄等（2009）用不同指标衡量非均衡的结果相一致。这表明，在中国对外贸易区域结构失衡对地区收入差距的作用中，进口贸易的贡献比出口贸易的贡献要大。这可能与中国进出口的商品结构有关，进口的最终消费品会通过示范效应和竞争机制引导当地同类型产品企业的发展，进口的高质量中间品和机器设备等有助于当地企业的技术进步，由此促使进口地较快的经济增长；而中国出口的商品中劳动力密集型的商品所占的比例较高，附加值较少，对当地经济增长的贡献相对较小。由此表现出，进口贸易的区域结构失衡对中国地区差距的影响更大。

第四节　贸易开放与地区经济差距：
基于面板数据的分析

在上一节中，经验研究发现中国对外贸易地区结构失衡与地区差距之间存在长期稳定的关系，接下来我们要问，在对外开放的过程中，开放度高的省份与开放度低的省份相比，平均来看，人均产出的差距到底有多大？本节我们将使用常用于微观计量中政策评估的方法——倾向得分匹配法，来直接度量中国各省区贸易开放对地区差距的影响。

一　倾向得分匹配法（PSM，Propensity Score Matching）

在贸易开放和经济增长的文献中，为了比较开放经济体和封闭经济体的增长绩效，一个简单而常用的办法是使用虚拟变量，开放为1，封闭为0。此时，可以认为开放国家属于处理组，封闭国家则属于对照组。回归结果中虚拟变量的估计系数即为两者的差别。然而，该方法的一个问题是，处理组和对照组的协变量（Covariate）的定义域可能有很大的不同或两者定义域的重合部分较小，处理组和对照组内样本可比性较差。

为了得到贸易开放和不开放两种情况下一个国家经济增长绩效的差异，最理想的状况是我们能够获取这个国家在同样的时间段内，分别处于贸易开放和不开放情况下经济增长绩效的数据。然而，这是不可能的，一个国家在一个特定的时间段内，我们只能观测到一种状态——贸易开放或不开放。由此，我们面临着数据缺失的问题。由 Rubin（1974）开辟的反事实框架允许我们去定义并估计各种处理效应。

在一些基于可观测的研究中，研究对象被分配到处理组还是控制组不是随机的，因此，一些混淆因素（Confounding Factors）的存在使得处理效应的估计是有偏的。倾向得分匹配是一种能够部分修正估计偏误的方法，由 Rosenbaum 和 Rubin（1983）提出。配对法不是考察"效应的原因"（Causes of Effects）而是转而获取某种"原因的效应"（Effects of Causes）（Morgan 和 Harding，2006）。在控制一些可观测因素后，利用尽可能相似的处理对象和控制对象可以减小偏误。在通常情况下，具有多维特征的研究对象是不能直接相比较的, 倾向得分的方法将这些特征总结成一个一维变量来进行比较, 这时配对就成为可能。

　　配对的方法可以尽量减少由非观测因素导致的估计偏误, 而不能完全消除它。偏误减小的程度依赖于计算倾向得分的控制变量的丰富度和数据质量。如果想要完全消除偏误, 当且仅当处理对象具有相同的倾向得分时, 处理效应的分配是完全随机的。

　　Rosenbaum 和 Rubin (1983) 定义倾向得分为: 给定处理前的特征, 对象接受处理的条件概率:

$$p(X) \equiv \Pr\{D=1 \mid X\} = \{D \mid X\} \tag{6.5}$$

　　其中, $D = \{0, 1\}$ 是对象是否接受处理的虚拟变量; X 是对象接受处理前的多维向量, 表示对象的各种特征。Rosenbaum 和 Rubin (1983) 表明, 如果在由 X 定义的空间内, 对象是否接受处理是随机的, 则在单一变量 $p(X)$ 定义的空间内, 对象是否接受处理也是随机的。

　　贸易开放的平均处理效应 (the Average Treatment Effect, ATE) 是指给定省区的特征为 X (资源禀赋、地理位置、自然条件和产业结构等), 从所有样本省区中随机地选取一个省区, 当这个省区贸易开放度较高时的经济绩效与假定该省区贸易开放度较低时的经济绩效的平均差距。ATE 可由 (6.6) 式定义:

$$\tau \equiv E\{Y_1 - Y_0 \mid X\} \tag{6.6}$$

　　处理对象 (参加者) 的平均处理效应 (the Average Effect of Treatment on the Treated, ATT) 可由 (6.7) 式估计。高贸易开放度省区的 ATT 是指给定省区的特征为 X, 从较高的贸易开放度的省区中随机地挑选一个省区, 这个省区的经济绩效与假定该省区贸易开放度较低时经济绩效的平均差距。

$$
\begin{aligned}
\tau &\equiv E\{Y_{1i} - Y_{0i} \mid D_i = 1\} \\
&= E\{E\{Y_{1i} - Y_{0i} \mid D_i = 1, p(X_i)\}\} \\
&= E\{E\{Y_{1i} \mid D_i = 1, p(X_i)\} - E\{Y_{0i} \mid D_i = 0, p(X_i)\} \mid D_i = 1\} \tag{6.7}
\end{aligned}
$$

　　其中, Y_{1i} 和 Y_{0i} 是接受处理和不接受处理两种反事实情况下的潜在结果; i 为研究对象, 第 i 个个体。在本书的研究背景下, $Y_1 =$ (人均实际

GDP，当一个省区 i 的贸易开放度较高时，$D=1$），$Y_0 =$ （人均实际 GDP，当相同的省区 i 的贸易开放度较低时，$D=0$）。

在给定（6.5）式的情况下要得到（6.7）式，必须要有以下两个假设。

假设 1：如果 $p(X)$ 是倾向得分，则：$D \perp X | p(X)$；　　　　　　(6.8)

假设 2：假设处理效应独立于可能出现的结果，即 Y_1，$Y_0 \perp D | X$。

则在给定倾向得分的情况下，处理效应独立于可能出现的结果：

$$Y_1, Y_0 \perp D | p(X) \tag{6.9}$$

假设 1 被称为平衡假设（Balancing Hypothesis）。当处理组和控制组的配对协变量的分布是相同的，这时可以说数据是平衡的。当平衡假设满足时，配对被认为是成功的（Morgan 和 Winship，2007，p114）。平衡假设的验证可以通过两变量的均值差的 t 检验或是 Kolmogorov – Smirnov 正态性检验来实现（Diamond 和 Sekhon，2005）。如果假设 1 成立，具有相同倾向得分的观测点就肯定有相同的可观测（和不可观测）特征分布，并且独立于是否接受处理。换句话说，给定倾向得分，对象是否接受处理是随机的。

在计算出倾向得分后，通常要考虑选择配对的方法。常用的配对方法有：分层配对（Stratification Matching）、最近邻居配对（Nearest Neighbor Matching）、区间配对（Interval Matching）和核密度配对（Kernel Matching）等。分层配对操作简单，但在小样本下，配对的结果对层①的划分很敏感。最近邻居配对可以认为设定 1 配 N，这里 N 为 1、2、3 等自然数。N 越大，配对个数越多，估计量包含的信息量越多，但同时碰到可比性较差的配对个体的可能性也越大；N 太小，则很多个体很可能由于配对不完全被排除掉了。区间配对是不限定配对个数的，而是给出一个区间（容忍度 δ），只要处理组个体与对照组个体的倾向得分之差的绝对值在这个容忍区间之内就进行配对。和最近邻居配对类似，容忍度也面临一个取舍问题，区间太小，配对个体可能会较少；而区间较大，出现较差的配对个体的可能性越大。核密度配对区间配对和最近邻居配对的扩展，所有控制组个体都与处理组个体配对，离处理组个体最近的控制组个体获得最大的权重。

---

① 这里的层是指同时包含处理组和对照组个体，并且这些个体的倾向得分大小接近的单元。

二 计量模型、变量描述与数据来源

(一) 计量模型和变量描述

参考万广华等 (2005), 本书估计省区贸易开放度的 ATE 和 ATT 的基本方程如 (6.10) 式所示:

$$gdp_{it} = \beta_0 + \beta_1 OPEN_{it} + X\gamma + \varepsilon_{it} \qquad (6.10)$$

其中, 下标 i 和 t 分别表示第 i 个省份和第 t 个时间段。β_0 是常数, X 是一系列表征各省区一系列特征的向量, ε_{it} 为随机误差项。被解释变量 gdp_{it} 是省区 i 的人均实际生产总值, $OPEN$ 是各省区开放的二值变量, 等价于 (6.5) 式中的虚拟变量 D。(6.10) 式是一个一般收入决定方程, 考虑到某些制度性因素和人力资本等对地区经济增长发挥作用存在一个滞后期, 因此本书将整个样本时间段 1981~2007 年划分为 9 个时间段, 每一时间段长度为 3 年, 具体为: 1981~1983 年, 1984~1986 年, 1987~1989 年, 1990~1992 年, 1993~1995 年, 1996~1998 年, 1999~2001 年, 2002~2004 年, 2005~2007 年①。开放度、投资率、人力资本等可能是同期内生于经济增长的, 因此, 向量 X 中的变量都取各时间段的期初值。gdp_{it} 是省区 i 在时间段 t 内的三年平均人均实际生产总值; 如果省区 i 在时间段 t 内的三年平均贸易开放度按从高到低排名前 10, 则 $OPEN_{it} = 1$, 否则 $OPEN_{it} = 0$。

向量 X 为表征各省区一系列特征的向量, 包括人力资本 (humcap)、基础设施 (infra)、各省会城市离中国五大港口 (上海港、深圳港、广州港、宁波 – 舟山港、天津港) 最近的距离 (dis)、固定资产投资率 (inv)、农业增加值占总增加值的比重 (agri)、工业化进程 (industry) 和市场化进程指数 (m)。

人力资本是内生增长理论中的一个重要变量, 它不仅是研发的一种重要投入品, 研发产生的新思想和新技术等会导致技术进步, 并且一个地区

---

① 由于中经网中 "国有单位年末在岗职工数" 只更新到 2008 年, 因此, 这里的经验分析的样本时间到 2007 年截止。

的人力资本存量越大，对新技术的吸收也越快。另外，人力资本会通过降低出生率来间接促进经济增长。人力资本的度量方法主要有教育经费法、人均受教育年限法、中等教育入学率和大学生的比率等，常用的方法是Barro－Lee的人均受教育年限法，这里考虑到数据的可得性和一致性，用各省每万人中大学生的人数来表示人力资本存量。

基础设施，这里用各省区每1000平方公里的等价公路长度。公路、铁路和水路的运输能力是不一样的，有必要将铁路和水路的公里数转化成相应的标准公路里程数，转化比率为4.27：1：1（姚树洁和韦开蕾，2007）。交通基础设施的发展能够减小运输成本和交易费用，促进商品和要素的跨区域流动，从而促进经济增长。

中国的对外贸易绝大部分是通过海洋运输来完成的，东部临海省区凭借优越的地理位置，依靠海外大市场从而拉开了与内地省份的差距。本书用各省会城市离中国五大港口（上海港、深圳港、广州港、宁波－舟山港、天津港）最近的距离来描述各省区的地理位置。其中，拥有这些港口的省区取其内部距离，为其省区地理半径的2/3，即 $d_n = \frac{2}{3}\sqrt{s_i/\pi}$，其中，$s_i$ 为 i 省的陆地面积。

投资率，各省的固定资产投资占地方生产总值的比重，作为储蓄率的代理变量，在Solow模型中决定了稳态时的人均资本存量。农业增加值占总增加值的比重，作为衡量产业结构的代理变量，该比重越小，当地的第二产业和第三产业的比重越大，经济增长将越快。工业化进程，各省的工业增加值与全部工业增加值的比重。工业化程度较高的地方，人均收入会较高。

市场化程度越高，政府对市场经济运行的干预就越少，产品市场、要素市场和市场中介组织的发育将越好，法律制度环境也将越好，这些都有利于地区经济的发展。市场化进程指数，参考傅晓霞、吴利学（2006）的做法，我们采用各地区工业总产值中非国有企业的比重（a）、全社会固定资产投资中非国有经济的份额（b）和全社会就业中非国有经济就业的比重（c）三个指标衡量地区制度变迁。为避免多重共线性问题，我们采用主成分分析法将以上三个分项指标合成为一个综合指标——市场化进程指数（m），作为测度各省区制度水平及其变迁的代理变量。

1992 年开始，中国对外开放开始加速，在实证分析中，我们引入时间虚拟变量 D92。人力资本、基础设施和省会城市到港口距离在实证分析中取自然对数。表 6 - 3 是各变量的描述性统计。

表 6 - 3　各变量的统计描述

定　　义	变量	观测点	均值	标准差	最小值	最大值
实际人均 GDP	gdp	261	2061.36	2375.13	228.76	20244.69
市场化进程指数	m	261	0.90	0.23	0.43	1.46
农业增加值占总增加值的比重	agri	261	0.24	0.12	0.01	0.59
各省工业增加值占全部工业增加值的比重	industry	261	0.03	0.03	0.00	0.12
固定资产投资率	inv	261	0.34	0.11	0.09	0.73
人力资本	humcap	259	47.24	63.94	5.00	658.00
基础设施	infra	261	367.99	265.61	15.45	1781.56
省会城市到 5 大港口的最近距离	dis	261	859.21	712.47	30.00	3281.00

三　实证结果

在运用倾向得分匹配法度量贸易开放导致的地区经济增长差距（ATE 和 ATT）前，首先需要用 logit 或 probit 模型得到研究对象暴露于处理效应之下的概率，即各省区贸易开放度 $OPEN = 1$ 时的概率。表 6 - 4 列出了用 logit 方法估计处理效应的主要影响因素的估计结果，分别给出了控制和不控制时间虚拟变量时的结果。从表 6 - 4 中可以看出，除了农业增加值占总增加值的比重之外，其他变量的估计系数的符号符合预期。图 6 - 3 是用 logit 方法控制时间虚拟变量估计的开放度较高和较低省区的倾向得分的核密度图，$D = 1$ 和 $D = 0$ 曲线分别表示开放度较高和较低省区倾向得分的核密度曲线。$D = 0$ 曲线主要集中在分数值较低的部分，在迅速达到顶峰后急速下降；而 $D = 1$ 曲线的分布比较均匀。倾向得分越高，该省区成为开放度较高的省区的可能性越大。

在得到各省区的贸易开放度 $OPEN = 1$ 的概率之后，我们就可以用匹配的方法来得到贸易开放的平均处理效应（ATE）和开放度较高省份的平均处理效应（ATT）。为了得到稳健的结果，我们分别采用核密度法、最近邻居配对法和区间配对法来进行估计。其中，考虑到本书的样本量较小，最近邻居配对法中分别考虑 $N = 2$ 和 $N = 3$ 两种情况；类似的，在区间配对法中分别考虑容忍区间 $\delta = 0.015$ 和 $\delta = 0.025$ 两种情况。结果如表 6 - 4 所示，其中，估计系数的百分比是估计的平均处理效应占样本人均实际 GDP 平均值的比例。

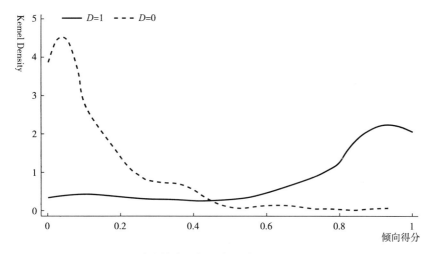

图 6 - 3   开放度较高和较低省区的倾向得分的核密度图

表 6 - 4   处理效应选择的 logit 回归结果

	因变量：*OPEN*			
	估计系数	标准差	估计系数	标准差
m	3. 622	2. 44	6. 115 ***	1. 79
agri	4. 283 **	1. 71	4. 265 **	1. 69
inv	8. 774 **	3. 37	5. 781 **	2. 82
industry	19. 65 *	10. 1	22. 55 **	9. 53
ln*humcap*	1. 602 **	0. 63	0. 757 **	0. 39
ln*infra*	1. 665 **	0. 84	1. 369 **	0. 69
ln*dis*	- 1. 999 ***	0. 56	- 2. 425	0. 48

续表

	因变量：*OPEN*			
	估计系数	标准差	估计系数	标准差
D92	− 2.009 *	1.18	− 0.781	0.63
时间虚拟变量	是		否	
LR chi2	190.71		186.3	
Pseudo R^2	0.572		0.559	
Log likelihood	− 71.29		− 73.49	
样本数	259		259	

注：***，＊＊，＊分别表示其显著性水平为1%，5%，10%。

从表6-5中可以看出，使用不同的配对方法得到的结果除个别外，相差不是很大。这里排除掉个别离群的结果。如上所述，相对于另外两种配对方法，核密度配对法的计算方法令结果更为可靠。从全部样本省区来看，贸易开放度较高省区的人均GDP比贸易开放度较低省区的人均GDP平均要高125～197元，占样本实际人均GDP的6.1%～9.6%。从较高的贸易开放度的省区中随机地挑选一个省区，这个省区的实际人均GDP比假定该省区贸易开放度较低时的人均GDP平均要高856.9～900元，占样本实际人均GDP的39%～43%。

由贸易开放度高低导致的6.1%～9.6%的样本平均收入差距足以解释中国目前沿海和内地收入差距的一部分。从高开放度省区的平均处理效应来看，约占样本实际人均GDP的39%～43%，说明贸易对于高开放度省区的人均产出有重要作用，贸易开放促进了这些省区的经济增长。

表6-5　倾向得分匹配法的估计结果

	ATE					ATT				
估计系数	125.7	197.1	193.7	247.9	175.8	856.9 **	823.5 **	795.9 **	900.9 **	525.6 ***
t 值						2.53	2.25	2.23	2.39	2.45
处理组样本数	33	33	33	29	25	33	33	33	29	25
控制组样本数	159	159	159	140	120	159	159	159	140	120
估计系数的百分比	6.10%	9.56%	9.4%	12.03%	8.53%	41.58%	39.96%	38.62%	43.71%	25.50%

	ATE					ATT				
共同 定义域	是	是	是	是	是	是	是	是	是	是
配对 方法	核密 度法	最近邻 居配对， $N=2$	最近邻 居配对， $N=3$	区间配 对，δ $=0.025$	区间配 对，$\delta=$ 0.015	核密 度法	最近邻 居配对， $N=2$	最近邻 居配对， $N=3$	区间配 对，$\delta=$ 0.025	区间配对， $\delta=0.015$

注：***，**分别表示其显著性水平为1%，5%；估计系数的百分比是估计的平均处理效应占样本人均实际 GDP 平均值的比例。

第五节　本章小结

本章首先对中国 1980～2009 年地区差距总体演变和发展过程进行了描述，然后从时间序列的角度考察中国对外贸易地区结构失衡与地区差距的关系；其次使用微观计量中常用于政策评估的方法——倾向得分匹配法，使用面板数据模型来直接度量中国省区贸易开放对地区差距效应的大小。本章研究发现如下。

第一，从 1980 年开始，中国地区经济增长差距呈下降趋势，1989 年发生逆转，之后地区差距持续扩大，直到 2005 年达到顶峰，之后有逐步下降的趋势。1980～2009 年，人均贸易额和人均实际 GDP 的第二泰尔指数的波动是比较同步的，表明中国对外贸易的地区结构失衡与地区经济增长差距的相关性较大。

第二，地区人均国内生产总值的泰尔指数、人均进口额的泰尔指数、人均出口额的泰尔指数之间存在长期稳定的关系，且地区收入差距关于进口贸易的弹性大于其对出口贸易的弹性。

第三，不论是从沿海和内地，还是从贸易开放度高和低来划分中国省区，区域内的经济增长差距总体呈现下降趋势；而区域间差距总体呈现上升趋势，并从 1993 年开始，区域间差距贡献了地区总体差距的 60% 以上。

第四，1981～2007 年，从全部样本省区来看，贸易开放度较高省区的人均 GDP 比贸易开放度较低省区的人均 GDP 平均要高 125～197 元，占样本实际人均 GDP 的 6.1%～9.6%。从贸易开放度较高的省区中随机地挑选一个省区，这个省区的实际人均 GDP 比假定该省区贸易开放度较低时的人均 GDP 平均要高 856.9 ~ 900 元，占样本实际人均 GDP 的39% ~ 43%。

20 世纪 90 年代以来，中国地区间经济增长差距的扩大已成为学术界和政府公共政策关注的热点问题之一。一方面，优越的地理位置使得东部沿海地区在贸易开放的背景下吸引了大量产业集聚，并由此拉大了与内地低贸易开放度省份的差距。另一方面，由于中国的对外贸易中有相当大比例（超过40%）的加工贸易，而加工贸易的后向联系较弱，因此，通过对外贸易的后向联系，由东部发达沿海地区带动内地发展的程度有限，"先富带动后富"的愿望并未很好地实现。

本章附录

附录 A　数据来源

（1）GDP 平减指数，通过各省区的国内生产总值和生产总值指数（可比价，上年 = 100）可以计算出各省区的 GDP 平减指数。

（2）人均 GDP，1980 ~ 2009 年各地区现价人均 GDP、各省区的国内生产总值和生产总值指数（可比价，上年 = 100）数据来源于中经网统计数据库。利用 GDP 平减指数进而可以得到各省区的实际人均 GDP（1980年为基期）。

（3）人力资本，每万人口在校大学生人数来自《新中国五十五年统计资料汇编》和《新中国六十年统计资料汇编》。

（4）基础设施，铁路营业里程、内河航道里程和公路里程在《新中国六十年统计资料汇编》中也有统计，其中天津的铁路营业里程与《中国统计年鉴》中公布的有很大差异。因此，该数据来源于历年《中国统计年鉴》中的"各地区运输线路长度"。

（5）固定资产投资，全社会固定资产投资和国有经济的固定资产投资数据来源于《新中国五十五年统计资料汇编》。各地区 2005 ~ 2007 年的国有经济投资数据来源于 2006 ~ 2008 年《中国统计年鉴》中"各地区按登记注册类型分全社会固定资产投资"。初始年份的缺失数据通过线性插值得到。

（6）进出口数据，各省按经营单位所在地分，进出口总额 1980～2008 年数据来源于《新中国六十年统计资料汇编》，2009～2010 年数据来自《中国统计年鉴》。其中，陕西 1980～1984 年，海南 1980～1986 年进口数据来源于《陕西统计年鉴 1986》和《海南统计年鉴 1990》中"对外贸易各类商品收购总额"，出口数据来源同上。在计算开放度时需要用到的人民币对美元年均汇率数据来自中经网。利用 GDP 平减指数进而可以得到各省区的实际人均进口额、出口额和进出口额（1980 年为基期）。

（7）各地区工业总产值、国有及国有控股企业工业总产值来源于中经网。

（8）各省区年底人口数、年末在岗职工数和国有单位年末在岗职工数来自中经网。

（9）第一产业增加值来源于中经网。

附录 B　市场化进程 M 的构造

用非国有经济比重变化来代替市场化进程，统计年鉴中并没有专门统计非国有经济的指标，可通过计算国有经济相应比重来推算上述指标。对于指标 a，关键是处理全部工业总产值统计口径的变化。全国工业总产值的统计口径 1978～1998 年为全部独立核算工业企业，1998 年以后统计口径改为全部国有及规模以上非国有企业。不过，广东、上海、山东、天津、甘肃、新疆、青海等省区市在 1999 年后省际统计年鉴中仍然统计全部工业企业的总产值，参考这些地区全部国有及规模以上非国有工业企业产值占全部工业企业总产值的比重，对其他省份的全部工业总产值进行推算。对于指标 b，由历年国有经济固定资产投资额，即全社会固定资产投资额，可以得到非国有经济在全社会固定资产投资中的比重，部分缺失数据通过时间序列预测程序进行估算。对于指标 c，由历年的国有经济单位职工人数与全社会就业人口总数，可以得到非国有经济就业人口占总就业人口比重。得到上述三个指标后，利用主成分分析法（Principle Component Analysis）可以得到一个单一指标，即衡量市场化进程 M 的指标。通过主成分分析法可以计算每个省区的 1981～2007 年的三个样本主成分。根据经验判断，一般取前 m 个主成分使其累计贡献度达到 85% 以上，或者保留那些方差大于 1 的主成分。从本节的计算中可以看到，一般第一主成分的贡献度普遍在 85% 左右，因此所有的计算都只取第一个主成分来计算各省区的市场化进程指标 M。由此可以分别计算每个省区的市场化进程指标 M。

附录 C　1980～2010 年中国贸易开放度前十位的省区

排序\年份	1	2	3	4	5	6	7	8	9	10
1980	天津	上海	辽宁	山东	福建	北京	广西	陕西	海南	江苏
1981	天津	辽宁	上海	福建	山东	北京	海南	广西	河北	江苏
1982	辽宁	天津	上海	福建	山东	北京	江苏	河北	广西	陕西
1983	天津	上海	辽宁	福建	山东	北京	江苏	广西	河北	浙江
1984	辽宁	上海	天津	山东	福建	北京	江苏	海南	广西	新疆
1985	上海	辽宁	天津	山东	海南	福建	北京	河北	江苏	广西
1986	上海	天津	福建	北京	辽宁	山东	江苏	吉林	广西	浙江
1987	上海	天津	福建	辽宁	海南	北京	山东	广西	江苏	河北
1988	上海	天津	海南	福建	山东	辽宁	北京	江苏	浙江	广西
1989	海南	上海	天津	福建	辽宁	山东	北京	浙江	江苏	吉林
1990	上海	海南	福建	天津	辽宁	北京	浙江	江苏	山东	吉林
1991	海南	福建	上海	天津	辽宁	北京	浙江	江苏	吉林	山东
1992	广东	上海	福建	海南	天津	辽宁	北京	浙江	吉林	江苏
1993	广东	海南	上海	福建	天津	辽宁	北京	浙江	吉林	江苏
1994	北京	广东	上海	海南	天津	福建	辽宁	浙江	吉林	江苏
1995	北京	广东	上海	天津	福建	海南	辽宁	浙江	江苏	山东
1996	北京	辽宁	浙江	辽宁	浙江	辽宁	浙江	江苏	浙江	山东
1997	广东	北京	上海	天津	福建	海南	辽宁	江苏	浙江	山东
1998	广东	北京	上海	天津	福建	海南	江苏	辽宁	浙江	山东
1999	广东	北京	上海	天津	福建	江苏	浙江	辽宁	浙江	山东
2000	广东	北京	上海	天津	福建	江苏	浙江	辽宁	山东	海南
2001	广东	北京	上海	天津	福建	江苏	浙江	辽宁	山东	海南
2002	广东	上海	北京	天津	江苏	福建	浙江	辽宁	山东	海南
2003	广东	上海	北京	天津	江苏	福建	浙江	辽宁	山东	海南
2004	上海	广东	北京	天津	江苏	福建	浙江	辽宁	海南	山东

续表

排序 年份	1	2	3	4	5	6	7	8	9	10
2005	上海	广东	北京	天津	江苏	福建	浙江	辽宁	山东	新疆
2006	上海	广东	北京	天津	江苏	福建	浙江	辽宁	山东	新疆
2007	上海	广东	北京	天津	江苏	浙江	福建	辽宁	山东	新疆
2008	北京	上海	广东	江苏	天津	浙江	福建	新疆	辽宁	山东
2009	上海	北京	广东	江苏	天津	浙江	福建	辽宁	山东	新疆
2010	上海	北京	广东	江苏	天津	浙江	福建	山东	辽宁	海南

第七章

结论及政策建议

第一节　研究的主要结论

本书从对外贸易的角度来探讨中国的地区差距问题。本书认为，并非单纯的地理位置能够解释中国地区间差距问题；改革开放后，东部沿海地区在对外开放的背景下，凭借优越的地理位置和政策优惠，积极从事对外贸易和利用外商直接投资，在对外开放的过程中逐渐拉开了和内地中西部省份的差距。

本书首先描述性分析了中国地区间对外贸易的差异，并利用空间统计分析方法对中国各省区对外贸易发展的集聚效应和辐射效应以及相关变动情况进行研究。然后从理论模型和实证研究两个方面考察贸易开放背景下，特别是 20 世纪 90 年代初以来，中国地区差距不断扩大的演进过程和形成机制。在理论模型方面，本书构造了一个贸易开放背景下的"两国三地区"模型，来阐述由地理位置差异引起的厂商集聚而导致的地区差距；在实证研究方面，本书利用中国的相关数据分别实证考察了贸易流量与省区经济增长的关系、外商投资企业的区位选择、贸易开放度相对高低对各省区人均收入差距的影响等问题。文章得到的主要结论归纳如下。

第一，通过构建模型和数值模拟分析发现，贸易开放与地区差距的变化是非线性的，呈现出 U 形曲线关系，即随着贸易开放程度的增加，地区差距呈现出先缩小后扩大的动态变化过程。国内地理差异程度本身也会对产业分布产生重大影响。当国内两地区在对外贸易中的地理优势差异较小时，国内仍能形成均衡分布；若差异过大则极有可能形成"中心－外围"

的结构。消费者的多样化偏好越强（工业制成品替代弹性 σ 越小），越有可能形成"中心－外围"的结构。

第二，在 1991 年以前，对外贸易的地区间差异是较小的，从 1992 年开始，各省区间差异迅速拉大。自 1980 年以来，中国对外贸易的地区差距现象相当明显，但不均衡的程度在近年来有逐步降低的趋势；东部和中部的对外贸易不均衡程度呈逐步缩小的趋势，西部则没有明显的趋势；自 1992 年之后，对外贸易的地区间不均衡是总体不均衡的主要来源，平均贡献了总体差距的 75% 左右。

第三，利用空间统计分析方法对 1980 ~ 2010 年中国各省区对外贸易发展的集聚效应和辐射效应以及相关变动情况进行研究，发现在样本考察期内，中国各省区的对外贸易发展存在显著的空间自相关性，且整体上呈现出上升的态势。从空间集聚的特征来看，高－高集聚型和低－低集聚型占主导地位，处于高－高集聚型的多为东部沿海省区，低－低集聚型的几乎全部为西部省区。从空间辐射效应来看，20 世纪 90 年代中期以来，以上海、江苏、浙江为代表的长三角地区有着很强的正向辐射效应，并且以上海为中心的正向增长极效应日益显著，长三角地区成为中国对外贸易发展的重要增长区域。四川和重庆在西部 11 个省市中对外贸易发展速度较快，在西部地区中"一枝独秀"，以成都和重庆为核心的川渝地区具有成为区域增长极的趋势和潜力。

第四，使用中国的分省面板数据对贸易开放与经济增长的关系进行实证研究发现，静态模型估计中 IV 的估计结果比 OLS 的大，随着系数估计值的增大，标准误也有不同程度的增大；在动态模型设置中，开放度的估计系数都小于静态模型设置中 FE 的估计结果，而长期效应的系数值都大于 FE 的估计结果；不同模型设置和不同工具策略的模型估计都表明，对外开放对于经济增长具有显著的正向促进作用，并且估计结果具有稳健性。

第五，对影响外商直接投资区位选择的决定因素进行实证分析发现，全国样本、东部省区和中部省区在吸引 FDI 方面，国内地区市场和国外市场具有一定的相互替代性，而在西部省区则没有发现这种替代性。另外，对于全国样本而言，创新能力可以显著地吸引 FDI 的进入，而东部省区和中部省区吸引 FDI 的数量则与当地的创新能力呈 U 字形曲线,并且一旦模型得到了正确的设定,创新效率也能显著地吸引 FDI;而西部省区的创新能力和创新效率对于吸引 FDI 则没有显著的作用。

第六,从时间序列的角度对中国对外贸易地区结构失衡与地区差距问题进行实证研究发现,从 1980 年开始,中国地区经济增长差距呈下降趋势,1989 年发生逆转,之后地区差距持续扩大,直到 2005 年达到顶峰,之后有逐步下降的趋势。1980 ~ 2009 年,人均贸易额和人均实际 GDP 的第二泰尔指数的波动是比较同步的,表明中国对外贸易的地区结构失衡与地区经济增长差距的相关性较大。地区人均国内生产总值的泰尔指数、人均进口额的泰尔指数、人均出口额的泰尔指数之间存在长期稳定的关系,且地区收入差距关于进口贸易的弹性大于其对出口贸易的弹性。

第七,运用面板数据模型考察贸易开放度相对高低对各省区人均收入的差距问题发现,1981 ~ 2007 年,从全部样本省区来看,贸易开放度较高省区的人均 GDP 比贸易开放度较低省区的人均 GDP 平均要高 125 ~ 197元,占样本实际人均 GDP 的 6.1% ~ 9.6%。从贸易开放度较高的省区中随机地挑选一个省区,这个省区的实际人均 GDP 比假定该省区贸易开放度较低时的实际人均 GDP 平均要高 856.9 ~ 900 元,占样本实际人均 GDP 的39% ~ 43%。

第二节 政策建议

目前,我国的对外贸易发展地区差距已经处于较高水平,地区间对外贸易发展方面的差异是导致各地区经济发展不平衡的一个重要原因。在对外开放的背景下,东部沿海地区凭借优越的地理位置和政策优惠,积极从事对外贸易和利用外商直接投资,在对外开放的过程中逐渐拉开了和内地中西部省份的差距。内地省区尤其是中西部省区在地理位置上的天然劣势以及由此导致的中西部与东部的地区差距在贸易开放的背景下是必然的,而当前中国经济过分依赖外需的状况进一步强化了这种趋势。为了缩小经济增长的地区差距,促进中国经济的可持续发展,结合本书的分析,我们提出以下政策建议。

　　第一，中国沿海沿边地理位置的优势和对国外市场的依赖是导致东部沿海与内陆地区经济增长差距扩大的重要原因，中西部地区由于地理位置的限制，无法从不断扩大的国外市场中获得产业发展的动力，内陆地区的产业发展动力相对不足。因此，我们必须在稳定外需的同时，采取积极有效的措施来促进和扩大内需，充分发挥国内市场的作用，逐步减少对海外市场的依赖，逐步消除制约内需提高的各种因素，通过不断完善的社会保障制度来适度降低居民的储蓄倾向，增加居民收入，促进投资和消费的良性互动，从而形成内需、外需共同拉动经济增长的良性格局。

　　第二，协调东、中、西部地区对外贸易的发展。各地区要因地制宜地发挥各地区的优势，边境地区要充分开展边贸合作，云南、广西要充分利用中国 - 东盟自由贸易区"桥头堡"的优势与东盟国家开展贸易。要优化区域的开放布局，东部沿海地区的开放程度较高，应推动东部发达地区开放上层次、上水平；目前中西部地区的开放程度较低，应作为开放重点，并实施沿边开放战略，积极探索特殊功能区转型。中国早已是货物贸易大国，而服务业的竞争力目前还较弱，应把服务业作为新的开放领域。适当扩大教育和医疗领域的对外开放，可以有效地增加教育和医疗的服务供给；同时，扩大文化领域的开放，不仅有利于推动文化产业发展和文化产品出口，而且有利于国家软实力的提升。

　　第三，进一步加强和优化中西部地区的投资环境和基础设施建设，特别是交通和电信基础设施建设，增强承接东部沿海和国际产业转移的能力。电信和交通基础设施的改善，有利于减小交易成本，促进要素的跨区域流动和对外贸易的增长，以此推动中西部的经济增长。目前东部沿海地区产业集聚已形成规模，竞争激烈，劳动力和土地成本较高，建议将劳动密集型产业分层次转移到中西部地区，产业的梯度转移有利于增加中西部的就业、促进经济增长和提高中西部的开放度，同时也有利于东部的产业转型和升级。

　　第四，规模经济效应在促进产业集聚的过程中发挥着显著作用，而中国国内市场分割现象并未完全消除，应该减少地区贸易壁垒，降低地区贸易成本。加快国内要素市场的建设，实现劳动力、商品和资本等要素市场真正意义上的统一，消除市场分割，推动市场一体化进程的加快发展，发挥规模经济效应，促进更多产业集聚区的形成。

第五，政府除了加大对中西部地区的投资和转移支付来缩小地区差距之外，更应该通过实施有效的制度创新和改革措施改善中西部地区的投资环境，鼓励中西部地区民营经济的发展，完善产业发展的内在增长机制，弥补中西部地区在空间区位上的劣势。根据本书研究结果，四川和重庆地区在西部 11 个省区具有成为区域增长极的趋势和潜力，以国家批复《成渝经济区区域规划》为契机，努力把以成都和重庆为中心的成渝经济区培育成继珠三角、长三角和环渤海经济圈之后的中国第四大增长极。

第六，各省区应该充分重视自主创新，提高国内自主研发的能力，在建设创新型社会的同时能够吸引更多的 FDI 的进入，使得外商直接投资的地区分布更加均衡，从而缩小东、中、西部地区利用外资上的差距。在引资的过程中更加重视引资质量，努力吸引跨国公司研发中心的落户，通过技术的外溢和扩散，来提高当地的创新能力水平。

　　本书从对外开放战略的角度研究了中国的地区差距问题，针对性地提出了促进中国区域均衡发展的政策建议。本书从最初的选题、文献整理、数据收集到最终定稿经历了三年的时间，在长时间的写作过程中笔者感受到本书在有些方面还有待于进一步完善和发展，这也为本课题未来的研究提供了努力的方向。就未来可以进一步拓展的研究方向而言，主要包括以下几个方面。

　　首先，本书第二章基于新经济地理学的"两国三地区"模型，虽然能够很好地解释中国改革开放以来地区收入差距的变化情况，但是未能考虑到结构转换效应和政府的区域发展政策对于区域产业布局以及相应的地区差距的影响。第一，本书模型中工人的流动只存在于国内制造业行业两地区之间，而不能实现农业劳动力向制造业的流动，即配第 – 克拉克定理在此不能发挥作用。不能实现结构转换效应的原因在于效用函数的设定，典型消费者的 Cobb – Douglas 效用函数是无法实现结构转换效应的。第二，没有考虑到政府区域发展政策对于地区差距的影响。从中国区域经济社会发展的实践来看，无论是计划经济时期实施的"三线建设"，改革开放以后地区非均衡发展的政策，还是近年来实施的"推进西部大开发""振兴东北地区等老工业基地""促进中部崛起"等政策，政府的区域发展政策和战略对于国内区域产业布局会有较为显著的作用。因此，本书模型此后进一步发展完善的重要方向就是寻找一个新的效用函数，并将政府的区域发展政策作为一个外生变量引入模型中，使模型更接近于中国产业发展和区域发展的实际。

　　其次，本书第四章中外商直接投资集聚来源之一的货币外部性只考虑了市场可达性，包括国内市场和国外市场，而没有考虑中间产品供应商的可接近性（Supplier Access）。然而，外商在某个省份的投资能够顺利地购买到需要的中间产品对于 FDI 的区位选择也是一个重要的考虑方面。因此，FDI 的聚集也经常表现出同一产业内，上下游企业在某地的聚集。将供应者可接近性纳入 FDI 区位选择的实证分析模型中将是未来研究的一个方向。

再次，本书第五章考察对外贸易与经济增长的关系时，为了遵从文献上的一致性和为了方便起见，使用了传统的进出口总额与当地生产总值的比值（贸易依存度）作为贸易开放度的代理变量。已有学者发现，以往很多实证研究文献中使用的代理变量是衡量其他政策或制度的变量，因此，寻找和设计合适的关于开放和贸易政策的变量能够得到更为精确的实证估计结果。

最后，本书第五章在考察贸易流量和经济增长的关系时，使用中国的省际面板数据和控制个体固定效应的估计方法，只能剥离贸易政策对各省经济增长的影响，而不能估计出贸易政策对经济增长的影响大小。贸易流量和贸易政策相互影响，二者又都是内生于经济增长的，其中贸易流量是时变的，而贸易政策至少在一段时间内是非时变的，因此，为二者分别寻找合适的工具变量并设计出合适的计量方法来剥离二者各自的效应是未来研究的一个方向。

安虎森：《新经济地理学原理》，经济科学出版社，2009，第1版。

白俊红、江可申和李婧：《中国地区研发创新的相对效率与全要素生产率增长分解》，《数量经济技术经济研究》2009年第3期。

包群、许和连、赖明勇：《贸易开放度与经济增长：理论及中国的经验研究》，《世界经济》2003年第2期。

包群：《贸易开放与经济增长：只是线性关系吗》，《世界经济》2008年第9期。

薄文广、马先标、冼国明：《外国直接投资对于中国技术创新作用的影响分析》，《中国软科学》2005年第11期。

陈继勇、雷欣：《外商在华直接投资与中国对外贸易相互关系的实证分析》，《世界经济研究》2008年第9期。

陈继勇、盛杨怿：《外商直接投资的知识溢出与中国区域经济增长》，《经济研究》2008年第12期。

陈继勇、梁柱：《贸易开放与经济增长的内生性研究新进展》，《经济评论》2011年第6期。

陈继勇、梁柱：《货币外部性、技术外部性与FDI区域分布非均衡》，《国际贸易问题》2011年第4期。

陈继勇、梁柱：《经济波动同步性、需求冲击与供给冲击——来自海湾国家的实证分析》，《经济评论》2010年第3期。

陈继勇、梁柱：《技术创新能力与FDI区域分布非均衡》，《科技进步与对策》2010年第6期。

梁柱、陈继勇：《中国地区间收入差距分析：基于贸易开放视角的度量》，《国际商务》2014 年第 1 期。

范剑勇、朱国林：《中国地区差距演变及其结构分解》，《管理世界》
2002 年第 7 期。

范剑勇：《产业结构失衡、空间集聚与中国地区差距变化》，《上海经
济研究》2008 年第 2 期。

冯涛、赵会玉和杜苗苗：《外商直接投资区域聚集非均衡性的实证研
究》，《经济学》（季刊）2008 年第 2 期。

傅晓霞、吴利学：《技术效率、资本深化与地区差异——基于随即前
沿模型的中国地区收敛分析》，《经济研究》2006 年第 10 期。

傅晓霞、吴利学：《中国地区差异的动态演进及其决定机制：基于随
机前沿模型和反事实收入分布方法的分析》，《世界经济》2009 年第 5 期。

符淼：《地理距离和技术外溢效应——对技术和经济集聚现象的空间
计量学解释》，《经济学》（季刊）2009 年第 4 期。

干春晖、郑若谷：《中国地区经济差距演变及其产业分解》，《中国工
业经济》2010 年第 1 期。

郭熙保、罗知：《贸易自由化、经济增长与减轻贫困——基于中国省
际数据的经验研究》，《管理世界》2008 年第 2 期。

管卫华：《中国区域经济发展差异及其原因的多尺度分析》，《经济研
究》2006 年第 7 期。

黄玖立、李坤望：《出口开放、地区市场规模和经济增长》，《经济研
究》2006 年第 6 期。

黄玖立：《对外贸易、地理优势与中国的地区差异》，中国经济出版
社，2009。

黄新飞、舒元：《中国省际贸易开放与经济增长的内生性研究》，《管
理世界》2010 年第 7 期。

黄新飞：《FDI、贸易开放与经济增长——基于中国的经验分析》，经
济管理出版社，2010。

黄菁、赖明勇、王华：《FDI 在中国的技术外溢效应：基于面板数据的
考察》，《世界经济研究》2008 年第 10 期。

黄肖琦、柴敏：《新经济地理学视角下的 FDI 区位选择——基于中国

省际面板数据的实证分析》，《管理世界》2006 年第 10 期。

李梅和谭力文：《外商直接投资与我国的技术创新：基于省际面板数据的实证分析》，《国际贸易问题》2009 年第 3 期。

李君华：《学习效应、拥挤性、地区的分工和集聚》，《经济学》（季刊）2009 年第 3 期。

李斌、陈开军：《对外贸易与地区经济差距变动》，《世界经济》2007年第 5 期。

梁柱：《海湾合作委员会经济与货币一体化进程及其经济趋同性分析》，《亚太经济》2010 年第 2 期。

林毅夫、蔡昉、李周：《中国转型时期的地区差距分析》，《经济研究》1998 年第 6 期。

林毅夫、刘培林：《中国的经济发展战略与地区收入差距》，《经济研究》2003 年第 3 期。

刘生龙、胡鞍钢：《交通基础设施与经济增长：中国区域差距的视角》，《中国工业经济》2010 年第 4 期。

刘瑞明：《所有制结构、增长差异与地区差距：历史因素影响了增长轨迹吗?》，《经济研究》2011 年第 2 期。

鲁凤、徐建华，《中国区域经济差异的空间统计分析》，《华东师范大学学报》（自然科学版）2007 年第 2 期。

马歇尔：《经济学原理》，华夏出版社，2006，中译本。

马红霞、梁柱：《海湾经货联盟六国经济周期同步性分析》，《国际贸易问题》2009 年第 12 期。

孟斌、王劲峰、张文忠、刘旭华：《基于空间分析方法的中国区域差异研究》，《地理科学》2004 年第 4 期。

彭国华：《双边国际贸易引力模型中地区生产率的经验研究》，《经济研究》2007 年第 8 期。

彭国华：《中国地区收入差距、全要素生产率及其收敛分析》，《经济研究》2005 年第 9 期。

沈坤荣、马俊：《中国经济增长的"俱乐部收敛"特征及其成因研究》2002 年第 1 期。

王小鲁、樊纲：《中国地区差距的变动趋势和影响因素》，《经济研究》2004 年第 1 期。

王丽娟：《贸易自由化对中国区域经济差距的影响分析》，《世界经济研究》2005 年第 9 期。

王剑、徐康宁：《FDI 区位选择、产业聚集与产业异质——以江苏为例的研究》，《经济科学》2005 年第 4 期。

王徐广、范红忠：《潜在市场规模、出口开放和各地区对 FDI 的吸引力》，《南方经济》2008 年第 12 期。

万广华：《不平等的度量与分解》，《经济学》（季刊）2008 年第 8 卷第 1 期。

万广华、陆铭、陈钊：《全球化与地区间收入差距：来自中国的证据》，《中国社会科学》2005 年第 3 期。

万广华：《经济发展与收入不均等：方法和证据》，上海人民出版社，2006，第 1 版。

魏后凯：《外商直接投资对中国区域经济增长的影响》，《经济研究》2002 年第 4 期。

魏浩：《中国 30 个省市对外贸易的集聚效应和辐射效应研究》，《世界经济》2010 年第 4 期。

吴延兵：《R&D 存量、知识函数与生产效率》，《经济学》（季刊）2006 年第 4 期。

伍德里奇：《计量经济学导论》，中国人民大学出版社，2007，第 3 版。

徐康宁、王剑：《外商直接投资地理性聚集的国（地区）别效应：江苏例证》，《经济学》（季刊）2006 年第 3 期。

许召元、李善同：《近年来中国地区差距的变化趋势》，《经济研究》2006 年第 7 期。

姚洋、张晔：《中国出口品国内技术含量升级的动态研究——来自全国及江苏省、广东省的证据》，《中国社会科学》2008 年第 2 期。

姚树洁、韦开蕾：《中国经济增长、外商直接投资和出口贸易的互动实证分析》，《经济学季刊》2007 年第 1 期。

张二震、戴翔:《中国出口技术复杂度真的赶上发达国家了吗》,《国际贸易问题》2011 年第 7 期。

张俊妮、陈玉宇:《产业集聚、所有制结构与外商投资企业的区位选择》,《经济学》(季刊) 2006 年第 4 期。

张军、吴桂英、张吉鹏:《中国省际物质资本存量估算:1952 ~ 2000》,《经济研究》2004 年第 10 期。

张曙霄、王馨、蒋庚华:《中国外贸内部区域结构失衡与地区收入差距扩大的关系》,《财贸经济》2009 年第 5 期。

张学良:《中国区域经济收敛的空间计量分析》,《财经研究》2009 年第 7 期。

朱平芳、徐伟明:《政府的科技激励政策对大中型工业企业 R&D 投入及其专利产出的影响——上海市的实证研究》,《经济研究》2003 年第 6 期。

Acemoglu, D. , Johnson, S. and Robinson, J. A. , "The Rise of Europe: Atlantic Trade, Institutional Change and Economic Growth", *American Economic Review*, 2005, Vol. 95 (3), pp. 546 – 579.

Amiti, Mary and Javorcik, Beata S. , "Trade Costs and Location of Foreign Firms in China", *Journal of Development Economics*, 2008, Vol. 85 (1 – 2), pp. 129 – 149.

Alesina, Alberto, Enrico Spolaore and Romain Wacziarg, "Trade, Growth and the Size of Countries", *Handbook of Economic Growth*, Edited By Philippe Aghion and Steven Durlauf, North – Holland, 2005.

Arbia, Giuseppe, Michele Battisti, and Gianfranco Di Vaio, "Institutions and Geography: Empirical test of Spatial Growth Models for European Regions", *Economic Modeling*, 2010, Vol. 27 (1), pp. 12 – 21.

Alcalá, F. and Ciccone, A. , "Trade and Productivity", *Quarterly Journal of Economics*, 2004, Vol. 119 (2), pp. 613 – 646.

Arellano, Manuel and Bond, Stephen, "Some Tests of Specification for Panel Data: Monte Carlo Evidence and an Application to Employment Equations", *Review of Economic Studies*, 1991, Vol. 58 (2), pp. 277 – 297.

Aroca, Patricio, Mariano Bosch, and William F. Maloney, "Spatial Dimensions of Trade Liberalization and Economic Convergence: Mexico 1985 – 2002", *World Bank Economic Review*, 2005, Vol. 19 (3), pp. 345 – 378.

Awokuse, T. O., and D. K. Christopoulos, "Nonlinear Dynamics and the Exports – Output Growth Nexus", *Economic Modelling*, 2009, Vol. 26 (1), pp. 184 – 190.

Baldwin, Richard E., Martin, Philippe, and Ottaviano, I. P., "Global Income Divergence, Trade, and Industrialization: the Geography of Growth Takes – offs", *Journal of Economic Growth*, 2001, Vol. 6 (1), pp. 5 – 37.

Baldwin, Richard E., Rikard Forslid, Martin, Philippe, Ottaviano, Gianmarco and Frederic Robert – Nicoud, "Economic Geography and Public Policy", Princeton University Press, 2003.

Barro, R. J. and Jong – Wha, Lee, 1993, "International Comparisons of Educational Attainment", *Journal of Monetary Economics*, Vol. 32 (3), pp. 361 – 394.

Barro, Robert J. and Xavier Sala – i – Martin, "Technological Diffusion, Convergence, and Growth", *Journal of Economic Growth*, 1997, Vol. 2 (1), pp. 1 – 26.

Billmeier, A. and Nannicini, T., "Trade Openness and Growth: Pursuing Empirical Glasnost", *IMF Staff Papers*, 2009, Vol. 56 (3), pp. 447 – 475.

Blum, B. S., and Goldfarb A., "Does the Internet Defy the Law of Gravity?" *Journal of International Economics*, 2006, Vol. 70 (2), pp. 384 – 405.

Blundell, Richard, and Bond S., "Initial Conditions and Moment Restrictions in Dynamic Panel Data Models", *Journal of Econometrics*, 1998, Vol. 87 (1), pp. 115 – 143.

Bond, S. R., A. Hoeffler, and Temple J., "GMM Estimation of Empirical Growth Models", 2001, CEPR Discussion Paper 3048.

Bowsher, C., "On Testing Overidentifying Restrictions in Dynamic Panel Data Models", *Economics Letters*, 2002, Vol. 77, pp. 211 – 20.

Cabrer – Borrás, Bernardí, and Guadalupe Serrano – Domingo, "Innovation and R&D Spillover Effects in Spanish Regions: A Spatial Approach", *Research Policy*, 2007, Vol. 36 (9), pp. 1357 - 1371.

Caselli, F. , G. Esquivel, and Lefort, F. , "Reopening the Convergence Debate: A New Look at Cross - country Growth Empirics", *Journal of Economic Growth*, 1996, Vol. 1 (3), pp. 363 - 389.

Chang, R. , Kaltani, L. and Loayza, N. , "Openness Can Be Good for Growth: the Role of Policy Complementarities", *Journal of Development Economics*, 2009, Vol. 90 (1), pp. 33 - 46.

Chakrabarti, Avik, "A Theory of the Spatial Distribution of Foreign Direct Investment", *International Review of Economics & Finance*, 2003, Vol. 12 (2), pp. 149 - 169.

Chetty, Raj, L. Adam, and Kory, K. , "Salience and Taxation: Theory and Evidence", *American Economic Review*, 2009, Vol. 99 (4), pp. 1145 - 77.

Coughlin, C. C. and Segev, E. , "Location Determinants of New Foreign - owned Manufacturing Plants", *Journal of Regional Science*, 2000, Vol. 40 (2), pp. 323 - 351.

Coughlin, C. C. , J. V. Terza, and Arromdee, V. , "State Characteristics and the Location of Foreign Direct Investment within the United States", *Review of Economics and Statistics*, 1991, Vol. 73 (4), pp. 675 - 683.

Crozet, M. , and Pamina K. , "EU Enlargement and the Internal Geography of Countries", *Journal of Comparative Economics*, 2004, Vol. 32 (2), pp. 265 - 279.

Dayal - Gulati, Anuradha, and Husain, Aasim M. , "Centripetal Forces in China's Economic Take - off", 2000, IMF Working Paper , WP/00/86.

Demurger, Sylvie, "Infrastructure Development and Economic Growth: An Explanation for Regional Disparities in China?" *Journal of Comparative Economics*, 2001, Vol. 29 (1), pp. 95 - 117.

Demurger, Sylvie, Sachs, J. D. , Woo, W. T. , Bao, Shuming, and Chang, G. , "The Relative Contributions of Location and Preferential Policies in China's Regional Development: Being in the Right Place and Having the Right

Incentives", *China Economic Review*, 2002, Vol. 13 (4), pp. 444 – 465.

Dollar, D. and Kraay, A., "Institutions, trade, and growth", *Journal of Monetary Economics*, 2003, Vol. 50 (1), pp. 133 – 162.

Dollar, D., and Kraay, A., "Institutions, Trade, and Growth", *Journal of Monetary Economics*, 2003, Vol. 50 (1), pp. 133 – 162.

Dollar, D., and Kraay, A., "Trade, Growth, and Poverty", *Economic Journal*, 2004, Vol. 114 (493), pp. 22 – 49.

Du, Julan, Yi Lu, and Zhigang Tao, "Economic Institutions and FDI Location Choice: Evidence from U. S. Multinationals in China", *Journal of Comparative Economics*, 2008, Vol. 36 (3), pp. 412 – 429.

Dufrenot, G., Mignon, V. and Tsangarides, C., "The Trade – Growth Nexus in theDeveloping Countries: A Quantile Regression Approach", *Review of World Economics*, 2010, Vol. 146 (4), pp. 731 – 761.

Edwards, S., "Trade Orientation, Distortions and Growth in Developing Countries", *Journal of Development Economics*, 1992, Vol. 39 (1), pp. 31 – 57.

Edwards, S., "Openness, Productivity and Growth: What Do We Really Know?" *Economic Journal*, 1998, Vol. 108 (447), pp. 383 – 98.

Estevadeordal, A., and Taylor, A., "Is the Washington Consensus Dead? Growth, Openness, and the Great Liberalization, 1970s – 2000s", 2007, NBER Working Paper No. 14264.

Fare, Rolf, Shawna Grosskopf, Mary Norris and Zhongyang Zhang, "Productivity Growth, Technical Progress and Efficiency Change in Industrialized Countries", *American Economic Review*, 1994, Vol. 84 (1), pp. 66 – 83.

Felbermayr, G..J., "Dynamic Panel Data Evidence on the Trade – Income Relation", *Review of World Economics*, 2005, Vol. 141 (4), pp. 583 – 611.

Feyrer, J., "Trade and Income – – Exploiting Time Series in Geography", 2009a, NBER Working Paper No. 14910.

Feyrer, J., "Distance, Trade, and Income – the 1967 to 1975 Closing of the Suez Canal as A Natural Experiment", 2009b, NBER Working Paper No. 15557.

Frankel, J., and Romer, D., "Does trade cause growth?" *American Economic Review*, 1999, Vol. 89 (3), pp. 379 —399.

Fujita M., P. Krugman, and Venables, A., "The Spatial Economy: Cities, Regions and International Trade", 1999, MIT Press, Cambridge.

Fujita, M, and Hu, Dapeng, "Regional Disparity in China 1985 – 1994: The Effects of Globalization and Economic liberalization", *The Annals of Regional Science*, 2001, Vol. 35 (1), pp. 3 – 37.

Griliches, Z., "Patents Statistics as Economic Indicators: A Survey", *Journal of Economic Literature*, 1990, Vol. 28 (4), pp. 1661 – 1707.

Grossman, Gene M. and Elhanan Helpman, "Quality Ladders in the Theory of Growth", *Review of Economic Studies*, 1991, Vol. 58 (1), pp. 43 – 61.

Hall, R. and Jones, C., "Why Do Some Countries Produce So Much More Output Per Worker Than Others?", *The Quarterly Journal of Economics*, 1999, Vol. 114 (1), pp. 83 – 116.

Harris, C. D., "The Market as a Factor in the Localization of Industry in the United States", *Annals of the Association of American Geographer*, 1954, Vol. 44, pp. 315 – 348.

Helpman, E., "International Trade in the Presence of Product Differentiation, Economies of Scale and Monopolistic Competition", *Journal of International Economics*, 1981, Vol. 11 (3), pp. 305 – 340.

Helpman, E. and Krugman, P., "Market Structure and Foreign Trade Increasing Returns, Imperfect Competition, and the International Economy", 1985, MIT Press, London.

Hu, Dapeng, "Trade, Rural – urban Migration, and Regional Income Disparity in Developing Countries: A Spatial General Equilibrium Model Inspired by the Case of China", *Regional Science and Urban Economics*, 2002, Vol. 32 (3), pp. 311 – 338.

Hummels, D., "Transportation Costs and International Trade in the Second Era of Globalization", *Journal of Economic Perspectives*, 2007, Vol. 21 (3), pp. 131 – 154.

Irwin, D. A., and Tervio, M., "Does Trade Raise Income? Evidence from the Twentieth Century", *Journal of International Economics*, 2002, Vol. 58 (1), pp. 1 - 18.

Jay Squalli and Kennth Wilson, A New Measure of Trade Openness, *The World Economy*, 2003, Vol. 34 (10), pp. 1745 - 1770.

Kanbur, Ravi and Xiaobo Zhang, "Which Regional Inequality? The Evolution of Rural - Urban and Inland - Coastal Inequality in China from 1983 to1995", *Journal of Comparative Economics*, 1999, Vol. 27, pp. 686 - 701.

Kanbur, Ravi, and Zhang, Xiaobo, "Fifty Years of Regional Inequality in China : A Journey Through Central Planning Reform and Openness", *Review of Development Economics*, 2005, Vol. 9 (1), pp. 87 - 106.

Kanbur, Ravi, Venables Anthony, and Guanghua Wan, "Introduction to a Special Issue: Spatial Inequality and Development in Asia", *Review of Development Economics*, 2005, Vol. 9 (1), pp. 1 - 5.

Konya, L., "Exports and Growth: Granger Causality Analysis on OECD Countries with a Panel Data Approach", *Economic Modelling*, 2006, Vol. 23 (6), pp. 978 - 92.

Krugman, Paul, "Increasing return, Monopolistic Competition and International Trade", *Journal of International Economics*, 1979, Vol. 9 (4), pp. 469 - 479.

Krugman, Paul, "History and Location: The Case of the Manufacturing Belt", *American Economic Review*, 1991a, Vol. 81 (2), pp: 80 - 83.

Krugman, Paul, "Increasing Returns and Economic Geography", *Journal of Political Economy*, 1991b, Vol. 99 (3), pp. 483 - 499.

Krugman, Paul and Venables, Anthony, "Integration and the competitiveness of peripheral industry", In Christopher Bliss and Jorge Braga de Macedo (Eds.), Unity with Diversity in the European Community, Cambridge University Press, Cambridge, Massachussets, 1990.

Krugman, Paul R., and A. J. Venables, "Globalization and the Inequality of Nations", *Quarterly Journal of Economics*, 1995, Vol. 110 (4), pp. 857 - 880.

Krugman, Paul, and Elizondo, R., "Trade Policy and the Third World Metropolis", *Journal of Development Economics*, 1996, Vol. 49 (1), pp. 137 – 150.

Lee, H. Y., L. A. Ricci, and Rigobon R., "Once Again, is Openness Good for Growth?" *Journal of Development Economics*, 2004, Vol. 75, pp. 451 – 472.

Li, Shaomin and Seung Ho, Park, "Determinants of Locations of Foreign Direct Investment in China', *Management and Organization Review*, 2006, 2 (1), pp. 95 – 119.

Ledyaeva, Svetlana, "Spatial Econometric Analysis of Foreign Direct Investment Determinants in Russian Regions", *World Economy*, 2009, 32 (4), pp. 643 – 666.

Lucas, Robert E., "Why Doesn't Capital Flow from Rich to Poor Countries?" *American Economic Review*, 1990, Vol. 80 (2), pp. 92 – 96.

Mankiw, N. G., Romer D. and Weil, D. N., "A Contribution to the Empirics of Economic Growth", *The Quarterly Journal of Economics*, 1992, 107 (2), pp. 407 – 437.

Meyer, B. D., "Natural and Quasi – experiments in Economics", *Journal of Business and Economic Statistics*, 1995, Vol. 13 (2), pp. 151 – 161.

Morgan, Stephen L., and Harding, David J., "Matching Estimators of Causal Effects: Prospects and Pitfalls in Theory and Practice", *Sociological Methods and Research*, 2006, Vol. 35 (1), pp. 3 – 60.

Morgan, Stephen L., and Winship, Christopher, "Counterfactuals and Causal Inference: Methods and Principles for Social Research", 2007, Cambridge University Press, Cambridge.

Murata, Yasusada, "Engel's Law, Petty's Law, and Agglomeration", *Journal of Development Economics*, 2008, Vol. 87 (1), pp. 161 – 177.

Noguera, M. and Siscart, M., "Trade Raises Income: A Precise and Robust Result", *Journal of International Economics*, 2005, Vol. 65 (2), pp. 447 – 460.

O'Rourke, K. H., "Tariffs and Growth in the Late 19th Century", *The Economic Journal*, 2000, Vol. 110 (463), pp. 456 – 83.

Palit, Amitendu and Nawani, Shounkie, "Technological Capability as a Determinant of FDI Inflows: Evidence from Developing Asia & India", Indian Council for Research on International Economic Relations, 2007, Working Paper No. 193.

Paluzie, E., "Trade Policy and Regional Inequalities", Papers in Regional Science, 2001, Vol. 80 (1), pp. 67 – 85.

Peter Pedroni, and James Yudong Yao, "Regional income divergence in China", *Journal of Asian Economics*, 2006, Vol. 17 (2), pp. 294 – 315.

Ping, J. L., C. J Green, R. E Zartmanb, and K. F Bronson, "Exploring Spatial Dependence of Cotton Yield Using Global and Local Autocorrelation Statistics", *Field Crops Research*, 2004, Vol. 89 (2 – 3), pp. 219 – 236.

Puga, D., "European Regional Policies in Light of Recent Location Theories", *Journal of Economic Geography*, 2002, Vol. 2 (4), pp. 373 – 406.

Redding, Stephen and Venables, Anthony J., "Economic Geography and International Inequality", *Journal of International Economics*, 2004, Vol. 62 (1), pp. 53 – 82.

Rigobon, R., and Rodrik, D., "Rule of Law, Democracy, Openness, and Income", *Economics of Transition*, 2005, Vol. 13 (3), pp. 533 – 564.

Rodrik, D., Subramanian, A. and Trebbi, Francesco, "Institutions Rule: The Primacy of Institutions over Geography and Integration in Economic Development", *Journal of Economic Growth*, 2004, Vol. 9 (2), pp. 131 – 165.

Rodriguez, F., and Rodrik, D., "Trade Policy and Economic Growth: A Skeptics Guide to the Cross – National Evidence", in NBER Macroeconomics Annual 2000, ed. by B. Bernanke and K. Rogoff, 2001, MIT Press, Cambridge.

Romain Wacziarg, and Welch, K., "Trade Liberalization and Growth: New Evidence", *World Bank Economic Review*, 2008, Vol. 22 (2), pp. 187 – 231.

Romer, Paul M., "Increasing Returns and Long – run Growth", *Journal of*

Political Economy, 1986, Vol. 94 (5), pp. 1002 – 1037.

Romer, Paul M., "Endogenous Technology Change", *Journal of Political Economy*, 1990, Vol. 98 (5), pp. 71 – 102.

Rosenbaum, P. R., and Rubin, D. B., "The Central Role of the Propensity Score in Observational Studies for Causal Effects", *Biometrika*, 1983, Vol. 70 (1), pp. 41 – 55.

Rubin, D. B., "Estimating Causal Effects of Treatments in Randomized and Non – Randomized Studies", *Journal of Educational Psychology*, 1974, Vol. 66 (5), pp. 688 – 701.

Sachs, Jeffrey D. and Warner, A., "Economic Reform and the Process of Global Integration", *Brookings Papers on Economic Activity*, 1995, Vol. 1, pp. 1 – 95.

Sekhon, J., and Diamond, Alexis, "Genetic Matching for Estimating Causal Effects: A General Multivariate Matching Method for Achieving Balance in Observational Studies", 2005, Winner of the 2005 Gosnell Prize for Excellence in Political Methodology. http://sekhon.berkeley.edu/papers/GenMatch.pdf.

Staiger, D. and Stock, J. H., "Instrumental Variables Regression with Weak Instruments", *Econometrica*, 1997, Vol. 65 (3), pp. 557 – 586.

Singh, Tarlok, "Does International Trade Cause Economic Growth? A Survey", *World Economy*, 2010, Vol. 33 (11), pp. 1517 – 1564.

Singh, Tarlok, "International Trade and Economic Growth Nexus in Australia: A Robust Evidence from Time – Series Estimators", *World Economy*, 2011, Vol. 34 (8), pp. 1348 – 1394

Sun, Qian, Wilson Tong and Qiao Yu, "Determinants of Foreign Direct Investment across China", *Journal of International Money and Finance*, 2001, Vol. 21, pp. 79 – 113.

Tuan, C. and Ng, L. F. Y., "FDI Facilitated by Agglomeration Economies: Evidence from Manufacturing and Services Joint Ventures in China", *Journal of Asian Economics*, 2003, Vol. 13 (6), pp. 749 – 765.

Vamvakidis, A. , "How Robust is the Growth – Openness Connection? Historical Evidence", *Journal of Economic Growth*, 2002, Vol. 7 (1), pp. 57 – 80.

Wacziarg, R. , "Measuring the Dynamic Gains from Trade", *World Bank Economic Review*, 2001, Vol. 15 (3), pp. 393 – 429.

Wacziarg, Romain, and Karen Horn Welch, "Trade Liberalization and Growth – New Evidence", *The World Bank Economic Review*, 2008, Vol. 22 (2), pp: 187 – 231.

Wei, ShangJin and Wu, Yi, "Globalization and Inequality: Evidence from Within China", 2001, NBER Working Paper, No. 8611.

Yao, S. , and Zhang, Z, "On Regional Inequality and Diverging Clubs: A Case Study of Contemporary China", *Journal of Comparative Economics*, 2001, Vol. 29 (3), pp. 466 – 484.

Zhang, Xiaobo, and Kevin H. Zhang, "How does Globalization Affect Regional Inequality within A Developing Country? Evidence from China", *Journal of Development Studies*, 2003, Vol. 39 (4), pp. 47 – 67.

图书在版编目（CIP）数据

中国地区差距与对外开放战略／梁柱著 . —北京：社会科学
文献出版社，2014. 5
（对外开放战略研究丛书）
ISBN 978 - 7 - 5097 - 5633 - 1

Ⅰ. ①中… Ⅱ. ①梁… Ⅲ. ①区域差异 - 对外开放 - 开放

战略 - 研究 - 中国 Ⅳ. ①F125

中国版本图书馆 CIP 数据核字（2014）第 021869 号

· 对外开放战略研究丛书 ·

中国地区差距与对外开放战略

著　　者／梁　柱

出 版 人／谢寿光
出 版 者／社会科学文献出版社
地　　址／北京市西城区北三环中路甲 29 号院 3 号楼华龙大厦
邮政编码／100029

责任部门／经济与管理出版中心（010）59367226　　责任编辑／林　尧
电子信箱／caijingbu@ ssap. cn　　　　　　　　　　责任校对／岳爱华
项目统筹／周　丽　　　　　　　　　　　　　　　　责任印制／岳　阳
经　　销／社会科学文献出版社市场营销中心（010）59367081　59367089
读者服务／读者服务中心（010）59367028

印　　装／北京鹏润伟业印刷有限公司
开　　本／787mm×1092mm　1/16　　　　　　　　印　　张／13
版　　次／2014 年 5 月第 1 版　　　　　　　　　　字　　数／205 千字
印　　次／2014 年 5 月第 1 次印刷
书　　号／ISBN 978 - 7 - 5097 - 5633 - 1
定　　价／49.00 元